Geschenkkörbe

Schenken mit Liebe und Fantasie

Geschenkkörbe

Schenken mit Liebe und Fantasie

Mosaik

INHALT

Tipps und Tricks für den perfekten Korb

Vom Spaß, jemandem einen Korb zu geben

Wer kennt das nicht? Da flattert eine Einladung zu einer Geburtstagsfeier oder einer Cocktailparty ins Haus, die Hochzeit des Lieblingscousins oder der goldene Hochzeitstag der Großeltern steht vor der Tür, die neuen Nachbarn haben zum Willkommenstrunk geladen oder bei guten Freunden hat sich Nachwuchs eingestellt. Die anfängliche Vorfreude über das Ereignis schwindet aber schnell, denn jetzt stehen Sie vor einer ernsthaften Herausforderung: Was soll ich schenken?

Da die meisten heutzutage mit allem bestens ausgestattet sind, ist es oft nicht leicht das passende Geschenk zu finden. Originell sollte es sein, vielleicht auch nützlich, auf jeden Fall aber auf die beschenkte Person abgestimmt – und vor allem soll es Freude machen!

Ein Geschenkkorb ist der ideale Ausweg aus dieser schwierigen Situation. In den folgenden Kapiteln können Sie unter unzähligen Vorschlägen das passende Präsent wählen.

Fantasievoll zusammengestellt, dem jeweiligen Anlass und dem eigenen Geldbeutel angemessen, liegen Sie mit einem persönlichen Geschenkkorb immer richtig.

Ihr bester Freund kocht leidenschaftlich gerne? Verwöhnen Sie ihn mit einem Korb für Feinschmecker (ab Seite 14). Ihre Freundin hat Liebeskummer? In diesem Fall hilft ganz bestimmt ein mit „Seelentröstern" gefüllter Korb (Seite 112)!

Natürlich kommt es bei all dem nicht nur auf den Inhalt an, sondern auch auf das Arrangement. Erst liebevolle oder auch originelle Dekorationen geben dem

Geschenkkorb die ganz persönliche Note! Und Sie selbst werden Ihren Spaß bei der Gestaltung haben.

Körbe gibt es in vielen Variationen – doch letztlich eignet sich alles, worin Sie etwas verstauen können. Denken Sie nicht nur an die klassischen Weidenkörbe. Es gibt witzige Varianten aus Sisal, Eisen, Draht … Zudem können Sie viel Alltägliches zu einem kostengünstigen Korb umfunktionieren: Obst- und Holzkisten, Wannen aus Zink oder Plastik, Blumentöpfe, Eimer, Kühltaschen … Der eigenen Kreativität sind keine Grenzen gesetzt!

Unterlegen & arrangieren

Es ist leichter, als Sie denken: Für den Aufbau und die Gestaltung eines Geschenkkorbes gibt es ein paar einfache Regeln. Wenn Sie die folgenden, leicht nachvollziehbaren Ratschläge zum Füllen und Arrangieren des Korbes beherzigen, kann Ihnen eigentlich nicht mehr viel passieren.

Legen Sie sich den Korb oder Behälter sowie die Präsente, die Sie in den Korb füllen wollen, und die Deko-Utensilien zurecht, und dann kann's losgehen.

Je nachdem, wie groß der Korb ist und welche Gegenstände Sie darin überreichen wollen, muss der Korb mehr oder weniger stark unterfüttert werden. Lediglich bei flachen Behältnissen erübrigt sich eine Auspolsterung. Hier genügt wahrscheinlich eine etwas dickere Unterlage, wie ein mehrfach gefalteter Stoff oder ein Frotteetuch, auf dem Sie die Präsente dekorativ anordnen.

Verstauen Sie also erst einmal probehalber alle Dinge im Korb. So können Sie leicht feststellen, wie viel Unterfütterung nötig ist, damit die Gegenstände nicht im Korb versinken.

Je nach Art der Geschenke werden Sie den Korb zur Hälfte, bei kleinen Geschenken fast bis zum Rand unterfüttern müssen. Als Füllmaterial eignet sich Zeitungs-, Pack- oder auch Geschenkpapier, das locker zusammengeknüllt in den Korb gelegt wird. Stroh oder Steckschwämme, die Sie im Blumenfachhandel kaufen können, leisten hier ebenfalls gute Dienste. Sie können problemlos in die passende

Materialliste

Schere
Klebstoff
Blumendraht
doppelseitiges Klebeband
Klebeknete
Papier zum Unterfüttern
Tacker
Stecknadeln

Beim Füllen des Korbes sollten Sie einige Tricks und Tipps beherzigen. Mit etwas Fantasie und Geschick ist ein solches Prachtstück dann schnell zusammengestellt.

Form geschnitten werden und geben vor allem länglichen, spitzen Gegenständen, wie Pinseln, Stiften und natürlich Blumen, einen Halt. In unserem Beispiel steckt das Drahtherz, das später mit Efeu umwickelt wird, fest in einem Steckschwamm. Sie können es zusätzlich noch mit dünnem Draht am Korb befestigen, damit es ganz sicher steht.

Wenn Sie den Korb unterfüttert haben, machen Sie noch einmal die Probe mit den Geschenken. Achten Sie dabei bereits auf die Schauseite, also auf die Seite, die dem Betrachter zugewandt sein soll. Die großen, hohen und schweren Teile finden hinten im Korb ihren Platz, die kleineren und leichteren im vorderen Bereich.

Arrangieren Sie nun die Geschenke nach diesen Kriterien im Korb. Möglicherweise müssen Sie an der ein oder anderen Stelle noch etwas Füllmaterial dazugeben, damit alle Gegenstände gleichermaßen gut zur Geltung kommen.

Nun geht es an das Kaschieren der Unterfütterung. Am besten eignen sich Stoffe, aber auch Krepppapier, Moos, künstliches Gras oder Bast können Sie verwenden. Wichtig ist, dass das Material farblich mit dem Inhalt des Korbes und mit der Dekoration harmoniert und natürlich auch dem jeweiligen Thema des Korbes entspricht. Bei einem rustikalen Korb beispielsweise macht sich Rupfen gut, während zarter Chiffon die festliche Note eines Hochzeitskorbes unterstreicht. Schön ist's, wenn der Stoff auch noch nachträglich verwendet werden kann; wenn sich also der Seidenstoff als edles Halstuch entpuppt oder der karierte Stoff als rustikale Tischdecke. Drapieren Sie nun den Stoff im Korb, legen Sie die Ränder um und fixieren Sie sie mit ein paar Stichen oder, wenn es sich um keinen edlen Stoff handelt, mit einem Tacker am Korbrand, damit die Unterfütterung verdeckt ist und nichts verrutschen kann.

Nach dieser Vorarbeit können Sie den Korb füllen, wobei Sie sich an die erprobte Platzierung halten sollten. Natürlich können Sie einige der Utensilien auch am Korbrand befestigen. Ein dünner Draht, doppelseitiges Klebeband oder Klebeknete sind dafür bestens geeignet.

Der rechteckige Steckschwamm dient als Unterbau und verleiht zudem dem Drahtherzen Halt.

Ohne eine entsprechende Unterfütterung würden die Gegenstände im Korb versinken.

Mit einem dekorativen und schön drapierten Stoff können Sie das Füllmaterial raffiniert verdecken.

Originelle Deko-Ideen

Lassen Sie Ihrer Fantasie freien Lauf, damit Ihr Korb den besonderen Pfiff erhält: Ob festlich, witzig oder rustikal – erst die passende Dekoration macht aus einem ansprechend arrangierten Korb ein unverwechselbares Einzelstück, an das sich die Beschenkten noch lange erinnern werden.

Wie wär's mit einer dekorativen Schleife? Natürlich nicht fertig gekauft, sondern mit Liebe und Fantasie selbst gemacht. Sie ist kinderleicht aus Bändern jeder Breite herzustellen (die Anleitung finden Sie unten). Je mehr Lagen Sie wählen (bis zu fünf sind problemlos möglich), desto üppiger wird die Schleife ausfallen, und mit Federn, Bast oder Blumen verziert, lässt sie sich je nach Anlass abwandeln.

Es müssen aber nicht immer nur fertige Bänder sein, die Sie verwenden. Hübsch sind auch Schleifen aus ganz gewöhnlichem Stoff, der mit einer Zackenschere zugeschnitten wurde. Wenn es das Motto des Korbes erlaubt, können Sie auch zu ungewöhnlichen Materialien greifen, wie Gipsbinden oder Pflaster oder zu einer Wäscheleine, die mit Gummihandschuhen und Staubwedel eine reizvolle Dekoration ergibt.

Als hübsche Alternative zu einer Schleife können Sie aus passendem Papier auch einen Fächer falten. Wenn Sie möchten, können Sie darauf gleich Ihre Glückwünsche unterbringen.

Womit wir schon beim Thema Grußkarten und Anhänger wären. Es müssen nicht immer gekaufte Karten sein. Aus einem hübschen Papier oder Karton lassen sich beliebige Motive ausschneiden, die zum Thema des jeweiligen Korbes passen: eine Blume, ein Apfel, ein Auto, ein Herz, Zahlen, Buchstaben oder eine Babyrassel ... Schlichte Paketanhänger aus Pappe bieten sich bei rustikalen Geschenken an. Es muss aber nicht immer Papier sein. Auch stabile Pflanzenblätter wie die des Efeus lassen sich mit einem Leuchtstift beschriften.

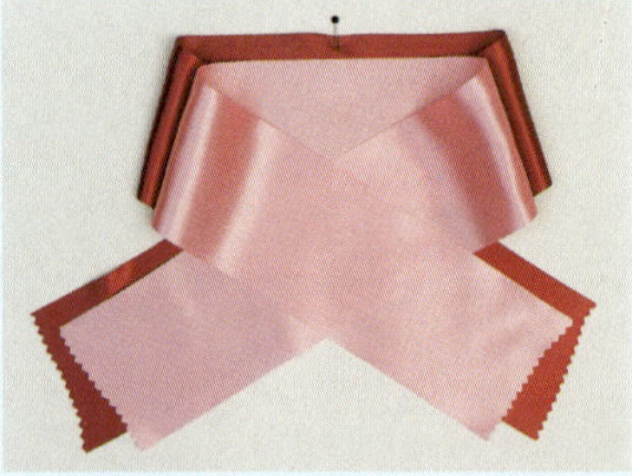

Das breiteste Band kommt nach unten. Markieren Sie die Mitte mit einer Nadel und schlagen Sie die Enden nach innen übereinander. Legen Sie das zweite, etwa 4 cm kürzere Band darüber, und wiederholen Sie den Arbeitsschritt.

Fixieren Sie die Lagen, indem Sie sie mit dünnem Draht zusammenbinden oder mit einer Stecknadel zusammenstecken. Verdecken Sie anschließend die Stelle mit einem dünnen Bändchen und entfernen Sie die Nadel.

Die Enden dieser Schleife sind mit einer Zackenschere abgeschnitten. Das sieht dekorativ aus und verhindert, dass das Band ausfranst. Hat es eine gröbere Struktur, genügt es, die Enden mit einer normalen Schere abzuschneiden.

Die Auswahl an Dekomaterialien ist unendlich groß. Ob rustikal oder edel, ob frisch, getrocknet oder künstlich – hier können Sie aus dem Vollen schöpfen!

Zarte Blütenblätter sind für diesen Zweck allerdings weniger geeignet. Sie zaubern jedoch einen Hauch von Romantik und Eleganz in jeden festlichen Geschenkkorb. Frische Blütenblätter, Blumen und andere Pflanzen sollten Sie erst kurz vor der Übergabe des Korbes an Ort und Stelle hineinlegen, da sie ohne Feuchtigkeit schnell verwelken. Alternativ können Sie in den Unterbau auch eine kleine Vase oder eine Schale mit einem wassergetränkten Steckschwamm stellen, um die Pflanzen frisch zu halten. Wenn Ihnen dies zu viel Mühe macht, bleibt immer

noch die Möglichkeit, getrocknete Blütenblätter zu verwenden. Mit etwas Glitzer bestreut, lassen sie Ihren Geschenkkorb so zu einem funkelnden, duftenden Erlebnis werden.

Natürlich steht es Ihnen frei, jede Ihrer Kreationen abschließend in Klarsichtfolie zu hüllen. In jedem Fall aber gilt für die Deko, dass allzu viel und protzig nicht immer auch viel hermacht: Einen Heimwerkerkorb mit einer Brokatschleife zu verzieren, wäre schlicht ein Stilbruch.

RESERVA 1995 RESERVA
RESERVA
RIOJA

Körbe für Hobbyköche, Feinschmecker und Genießer

Sie möchten einen Geschenkkorb für jemanden zusammenstellen, der sich gerne kulinarischen Genüssen hingibt? Wenn das Präsent zudem eine persönliche Note erhalten soll, dann ist hier Fantasie gefragt! In diesem Kapitel gibt es dazu jede Menge Anregungen.

Grüße aus Griechenland

Rechteckiger Weidenkorb
30 cm x 25 cm x 20 cm

Inhalt:

1 Flasche Ouzo
1 Flasche griechisches Olivenöl
1 Glas eingelegter Schafskäse
2 Sesambrotringe
3 Tomaten
1 rote Paprika
mehrere Knoblauchzwiebeln
1 Löffel aus Olivenholz

Dekoration:

1,5 m Tuch, türkisblau
Stoff, blau-türkis gestreift, 20 cm x 20 cm
40 cm Band, türkisblau, 0,5 cm breit
1 Olivenzweig

Weiße Häuser, türkisblaue Türen und Fensterläden, Olivenbäume – wer denkt bei diesem Korb nicht gerne an den letzten Urlaub im Land von Zeus und Aphrodite zurück. Fangen Sie mit Ihrem Arrangement den Charme Griechenlands ein und bringen Sie sonnige Urlaubsstimmung in jedes Haus.

1. Unterfüttern Sie den Korb bis auf halbe Höhe mit Papier und breiten Sie das türkisblaue Tuch so darüber, dass eine Ecke herausschaut.
2. Platzieren Sie nun die Olivenölflasche und den Ouzo im hinteren Teil des Korbes in der einen Ecke und die beiden Sesambrotringe in der anderen.
3. Auf den Deckel des Glases mit eingelegtem Schafskäse binden Sie einen farblich passenden Stoff. Legen Sie das Glas zusammen mit den Tomaten, der Paprika und dem Knoblauch in den Vordergrund.
4. Einen besonderen Akzent setzen Sie mit einem schönen Olivenzweig sowie dem Knoblauch und dem Holzlöffel, die zusammen einen attraktiven Blickfang darstellen. Binden Sie zuerst die Knolle und den Löffel zusammen und befestigen Sie das Ganze an der Vorderseite des Korbes.

TIPP: *Das hier abgebildete Prachtstück ist natürlich nur eine Möglichkeit einen griechischen Korb zu füllen. Griechenland – dazu gehören auch Metaxa, Retsina, Oliven, Gemüse wie Auberginen und Zucchini, Jogurt aus Schafsmilch, Taramas (Fischrogen-Paste), griechischer Kaffee und vieles mehr.*

Korb: ca. 35,– DM
Inhalt: ca. 60,– DM

plomari

Genießen auf Italienisch

Den Gaumenfreuden dieses Korbs könnten Sie leicht selbst erliegen. Also Finger weg von den verführerischen Salaminis! Wenn Ihnen das Wasser im Munde zusammenläuft, wissen Sie, dass Sie die richtige Wahl getroffen haben, denn: Die besten Präsente sind doch immer noch die, die man am liebsten selbst behalten möchte!

Halbrunder Weidenkorb
40 cm x 25 cm x 25 cm

Inhalt:

1 Flasche Prosecco
1 Flasche Balsamico-Essig
je 1 Glas eingelegte Zwiebeln und Zucchini
1 Glas bunte Nudeln
1 Packung Gorgonzola
mehrere Salaminis
Strauchtomaten
Ciabattabrötchen

Dekoration:

1 Geschirrtuch
Basilikumzweige
80 cm Schleifenband, rot, 4 cm breit
60 cm Schleifenband, weiß, 4 cm breit
40 cm Schleifenband, grün, 3,5 cm breit
20 cm dünnes Band, grün-weiß kariert
dünner Blumendraht

1. Unterfüttern Sie den Korb bis auf halbe Höhe mit Papier, damit der Inhalt nicht im Korb versinkt. Mit dem Geschirrtuch decken Sie dann den unschönen Unterbau ab.

2. Achten Sie bei der Gestaltung dieses Korbes auf die Gewichtsverteilung: Stellen Sie beide Flaschen auf die eine Seite und sämtliche Gläser auf die andere. Den Käse und die Ciabattabrötchen legen Sie in die Mitte. Die appetitlichen Salaminis dürfen ruhig verführerisch über den Korbrand hängen.

3. Fertigen Sie eine Schleife in den Nationalfarben Italiens, Grün, Weiß und Rot (wie das geht, erfahren Sie auf Seite 12). Die Schleife binden Sie an den Stiel der Tomaten und befestigen das Ganze mit dünnem Blumendraht am Korbrand – dies sollten Sie jedoch erst vor Ort tun, da die Tomaten während des Transports sonst bereits abfallen oder zerdrückt werden könnten.

TIPP: *Wenn Sie sich als profunder Italienkenner auszeichnen möchten, können Sie den Korb auch mit Spezialitäten einer bestimmten Region füllen. Eine Luxusvariante wäre z. B. ein „Piemont-Korb" mit Trüffeldelikatessen und dem dazu passenden Wein. Oder Sie wählen eine einfache, populäre Alternative: Tomaten, Mozzarella, Basilikum, Balsamico und Olivenöl.*

Korb: ca. 35,– DM
Inhalt: ca. 60,– DM

Exotischer Genuss

Runder Korb aus Bambusgeflecht
Ø 35 cm

Inhalt:

1 Flasche brasilianischer Zuckerrohrschnaps
3 Gläser
1 Limonenpresse oder 1 Stößel
brauner Rohrzucker
Limonen

Dekoration:

0,5 m Klarsichtfolie
1 m Rupfentuch, naturfarben
20 cm dünnes Rupfenband

Caipirinha! Trendy, hip und in. Wer kennt ihn nicht, den absoluten Modecocktail – eine Mischung aus Zuckerrohrschnaps, Rohrzucker und Limonen, erfrischend und herb-süß im Geschmack. Der Glückliche, der diesen Korb erhält, kann sich diesen Drink selber mixen – und natürlich auch trinken!

1. Bei diesem Präsent brauchen Sie keine Unterfütterung, sondern drapieren das grobe Rupfentuch einfach im Korb. Die dekorativ umflochtene Flasche bildet den zentralen Blickfang des Arrangements.
2. Füllen Sie den Rohrzucker in eines der Gläser. Darin sieht er schöner aus als in einer Verpackung. Anschließend hüllen Sie das Glas in Klarsichtfolie und binden diese oben mit dem dünnen Rupfenband zusammen.
3. Um Scherben zu vermeiden, empfiehlt es sich, den Korb erst an Ort und Stelle vor der Übergabe zu füllen. Arrangieren Sie die drei Gläser im Korb und achten Sie dabei auf eine ausgewogene Gewichtsverteilung.
4. Zum Schluss setzen Sie mit den Limonen einen farbigen Akzent. Die Limonenpresse, der sich auch für andere Cocktaildrinks eignet, oder den Stößel (damit zerdrückt man die Limonen für den Caipirinha) legen Sie dazu.

TIPP: *In einen echten Caipirinha gehört natürlich auch zerkleinertes Eis – preisgünstige Eis-Crusher können Sie in jedem gut sortierten Kaufhaus erwerben. Natürlich eignen sich auch viele andere Drinks mit den entsprechenden Zutaten. Nehmen Sie ein Cocktailbuch und lassen Sie sich inspirieren. Auch Shaker und Barbesteck können eine schöne Ergänzung sein.*

Korb: ca. 30,– DM
Inhalt: ca. 55,– DM

FAZENDA SOLEDADE
CACHAÇA
SINCE
FAZENDA SOLEDADE
ESTADO DO RIO
1827
Nêga Fulô
AGUARDENTE DE CANA
SPIRITUOSE AUS ZUCKERROHR
DISTILLED FROM SUGAR-CANE
PRODUCED AND BOTTLED BY
IMPORTED BY:
BORCO-MARKEN-IMPORT
HAMBURG
41,5% vol

RESERVA 1995 RESERVA
Cabra

Viva España

Dem verführerischen Duft von frischen Orangen und dem würzigen Aroma des Serranoschinkens wird kaum jemand widerstehen. Der Anblick dieses lukullischen Arrangements aus landestypischen Spezialitäten weckt die Sehnsucht nach der heißen Sonne des Südens und nach spanischen Nächten.

Runder Eisenkorb
∅ 32 cm, Höhe 12 cm

Inhalt:

1 Flasche Rioja
1 Ziegenkäse
1 großes Stück Serranoschinken
mehrere Orangen

Dekoration:

1,5 m grober Stoff, dunkelrot
2 Geschirrtücher in Waffelpikee, weiß
1 m Stoff, rot-weiß getupft
1 Bogen Seidenpapier, dunkelrot, 20 cm x 60 cm

1. Kleiden Sie den Eisenkorb mit dem dunkelroten Stoff aus. Den Schinken und den Käse wickeln Sie jeweils in ein weißes Geschirrtuch – das sieht hübsch aus und ist hygienisch. Sie können auch abgepackten Schinken und Käse verschenken – müssen dann jedoch auf den verführerischen Duft verzichten.

2. Die Rotweinflasche stellen Sie in den Hintergrund des Korbes und füllen danach den verbleibenden Platz mit Orangen auf. Den Schinken und den Käse setzen Sie jeweils rechts bzw. links von der Flasche zwischen die Orangen.

3. Falten Sie aus dem rot-weiß getupften Stoff eine schmale Manschette und legen Sie diese um den Käse und den gesamten Korb.

4. Zum Schluss fertigen Sie aus dem dunkelroten Papier einen Fächer und stecken ihn hinter die Orangen.

TIPP: *Wenn Sie etwas mehr investieren möchten, dann legen Sie doch eine CD mit spanischen Gitarrenklängen oder Karten für ein entsprechendes Konzert bei. Auf den selbst gebastelten Fächer können Sie z. B. allerlei Glückwünsche schreiben oder Sie ersetzen ihn durch einen richtigen Fächer.*

Korb: ca. 65,– DM
Inhalt: ca. 70,– DM

Ein bisschen Mexiko

Flacher Weidenkorb
45 cm x 33 cm x 8 cm

Inhalt:

- 1 bunter Rebozo (mexikanischer Fransenschal für den Kopf)
- 1 Dose Quittengelee
- 1 Packung Nachos
- 1 Dose roter Tomatendip
- 1 Dose grüner Tomatendip
- 6 Avocados
- 2 Dip-Schälchen
- 1 Freundschaftsfänger

Dekoration:

- 1 Bromelie (Ananasgewächs)
- 6 getrocknete Maiskolben
- mehrere Chilischoten

Mexikanische Gerichte haben schon lange auch die europäischen Küchen erobert – und wenn, wie in diesem Fall, schmackhafte Zutaten, ein kreatives Arrangement und die entsprechende Dekoration aufeinander treffen, wird sich wohl jeder gerne zu einem Snack à la Mexicana hinreißen lassen.

1. Bei diesem flachen Korb benötigen Sie keinen Unterbau. Drapieren Sie einfach den Rebozo dekorativ im Korb und lassen dabei eine Ecke locker über den Rand heraushängen.
2. Die Bromelie, eine Pflanze, die in Lateinamerika beheimatet ist, setzen Sie hinten in die Mitte des Korbes. Die Maiskolben dekorieren Sie rechts und links davon.
3. Das Quittengelee stellen Sie am besten vor die Pflanze, auf die eine Seite die beiden Dosen mit den Dips, auf die andere die Nachos.
4. Die Schälchen legen Sie in den Vordergrund und die Avocados verteilen Sie zusammen mit den Chilischoten auf dem verbleibenden Platz. Den Freundschaftsfänger stecken Sie einfach dazwischen.

TIPP: *Mit dem mexikanischen Freundschaftsfänger ist es einfach, jemanden an sich zu binden: Derjenige muss lediglich den Finger hineinstecken und kann Ihnen erst dann wieder entkommen, wenn Sie das Geflecht lockern. Viel Spaß dabei! – Natürlich können Sie den Rebozo durch einen schönen, farbigen Stoff ersetzen – das Geschenk wird dann etwas preiswerter. – Avocados sind übrigens die Grundlage für die bekannte Guacamole-Creme, einen leckeren Dip für Nachos. Legen Sie doch ein Rezept dafür bei – es kostet nichts und ist etwas Persönliches.*

Korb: ca. 75,– DM
Inhalt: ca. 70,– DM

La Costeña
SAN MARCOS
SAN MARCOS

Afrikanischer Kaffeegenuss

Mit diesem Präsent werden Sie nicht nur leidenschaftliche Afrika-Fans begeistern – auch passionierten Kaffeeliebhabern machen Sie mit dieser rustikalen, ursprünglichen Kaffeekreation bestimmt eine Freude. Das Arrangement ist schnell zusammengestellt und ist somit auch etwas für Kurzentschlossene.

Länglicher afrikanischer Korb
45 cm x 17 cm

Inhalt:

2 Packungen afrikanischer Kaffee
1 Holzlöffel, handgefertigt

Dekoration:

1 Bananenblatt oder ein anderes dekoratives tropisches Blatt
ca. 250 g Kaffeebohnen
1 Rolle braunes Krepp-Geschenkband

1. Um den Kaffeepackungen mehr Geschenkcharakter zu verleihen, umwickeln Sie sie wie abgebildet mit braunem Krepp-Geschenkband. Dessen Enden schlagen Sie nach innen ein.

2. Das tropische Blatt können Sie als Unterlage verwenden – seine Form fügt sich schön in den länglichen Korb. Arrangieren Sie die Kaffeepackungen gefällig und streuen Sie die losen Kaffeebohnen als Dekoration daneben.

3. Der handgefertigte Holzlöffel mit afrikanischem Muster gibt dem schlichten Korb eine individuelle Note und ist eine nette Alternative zu dem schnöden Plastiklöffel, der in vielen Haushalten im Kaffeepulver steckt. Auch als Löffel für die Zuckerdose ist er gut geeignet.

TIPP: *Kaffee und andere afrikanische Produkte bekommen Sie in Dritte-Welt-Läden und in gut sortierten Supermärkten. Sie können zum Thema Kaffee auch eine italienische Korbvariante kreieren, mit einer feinen Espressoröstung, zwei Espressotassen oder einem Kakaostreuer für Cappuccino, einem Milchschäumer, Amarettinis usw. Oder Sie bleiben in heimischen Gefilden: Wie wäre es mit einer edlen Karlsbader Mischung und feinen Oblaten?*

Korb: ca. 20,– DM
Inhalt: ca. 20,– DM

Tee aus 1001 Nacht

Ovaler Eisenkorb
25 cm x 15 cm

Inhalt:

1 marokkanische Teekanne
2 Teegläser
1 kleiner Messingteller
1 Packung grüner Tee
Rohrzucker in Würfeln

Dekoration:

1 Bund frische Minze
1 Samtschal mit Fransen, burgunderrot

Scheherazade, die Märchenerzählerin aus 1001 Nacht, hätte ihre Freude an diesem Korb gehabt und ihrem Sultan sicherlich statt Geschichten zu erzählen jedes Mal einen anderen Tee zubereitet. Süßer, heißer Tee aus Pfefferminze und Grüntee ist im nördlichen Afrika sehr beliebt – er erfrischt und gibt Kraft.

1. Legen Sie den kleinen Eisenkorb mit dem Schal so aus, dass die Fransen den Korb schön umspielen. Falls dieses Präsent für eine Freundin gedacht ist, freut sie sich bestimmt, wenn sich die Unterfütterung als schöner Schal entpuppt.

2. Den Tee verstauen Sie entweder in der Kanne oder legen ihn – wenn er hübsch verpackt ist – in den Korb. Stellen Sie die Kanne, die Gläser und den Messingteller nach hinten.

3. Schlagen Sie die Stielenden der Minze in Küchenpapier, tränken dieses mit reichlich Wasser und umwickeln es mit Alufolie. Die Minze bleibt damit länger frisch. Legen Sie das Sträußchen in den Vordergrund und verdecken Sie die Alufolie mit Zuckerwürfeln.

TIPP: *Sie können statt der Pfefferminzzweige auch ein Pflänzchen in einem Blumentopf verschenken – der Gratulant hat so länger etwas davon. Der ovale Eisenkorb passt sehr gut zu diesem Teearrangement und kann hinterher etwa als dekorativer Obstkorb verwendet werden. Wenn Ihnen der Inhalt jedoch wichtiger ist als der Korb selbst, können Sie stattdessen auch eine ovale Spanholzschachtel füllen. Sie bemalen sie dann z. B. mit dunkelroter Farbe oder bekleben sie mit entsprechend farbiger Glanzfolie.*

Korb: ca. 30,– DM
Inhalt: ca. 50,– DM

Tropische Verführung

Palmen, Sonne, Sand und Meer – derart traumhafte Assoziationen werden Sie mit diesem exotischen Obstkorb hervorrufen. Gefüllt mit tropischen Genüssen, ist er ein vitaminreiches Geschenk für alle, die bis zum nächsten Urlaub noch etwas warten und vorher vielleicht ein paar nasskalte Tage überstehen müssen.

Drahtkorb
Ø 25 cm,
Höhe 12 cm

Inhalt:

Erdnüsse
1 Babyananas
1 Kaktusfeige
5 Babybananen
1 Drachenfrucht
1 Mango
1 Granatapfel
Litschis, Kumquats und Kapstachelbeeren

Dekoration:

1 m gemusterter Stoff, ca. 15 cm breit
1 Holzgiraffe

1. Dieses Arrangement besticht durch den ausgefallenen Drahtkorb, der den Blick des Betrachters auf den köstlichen Inhalt freigibt. Statt eines unschönen Papiers ist deshalb eine Lage Erdnüsse als Unterfütterung besser geeignet.

2. Die Ananas stellen Sie an den hinteren Rand und die Bananen, mit den Stielen nach unten, daneben. Die größeren Früchte dekorieren Sie auf dem noch verbleibenden Platz und streuen die kleinen darüber.

3. Binden Sie Ihrer farbenprächtigen Kreation eine ebenso bunte Schleife aus einem Stoffstreifen in afrikanischen oder mexikanischen Farben an die Seite. Ein weiteres dekoratives Element wie die Holzgiraffe gibt dem Ganzen noch mehr Pfiff – klemmen Sie sie in die Schleife.

TIPP: *Wohl jeder wird sich über eine Auswahl exotischer Früchte freuen, von denen ihm einige vielleicht sogar noch unbekannt sind. Sollten Sie das eine oder andere „Früchtchen" nicht bekommen oder von seinem Preis abgeschreckt sein: Nüsse, wie etwa Kokos- oder Paranüsse, sind eine schöne Ergänzung oder bei Bedarf Ersatz. Es gibt übrigens auch köstliche getrocknete Tropenfrüchte, die Sie in Feinkostgeschäften kaufen können und die dem frischen Obst im Geschmack kaum nachstehen.*

Korb: ca. 25,– DM
Inhalt: ca. 30,– DM

Japanische Kochkunst

Eckiger Kasten aus Korbgeflecht mit Deckel
50 cm x 20 cm x 10 cm

Inhalt:

3 Sakeschälchen
2 Stäbchenhalter in Fischform
1 flache Schale für Sushi
2 Paar rote Holzstäbchen
1 Bastmatte zum Rollen von Sushi

Dekoration:

japanisches Seidenpapier, rot
1 Bund Lederbändchen, rot
1 weiße Blüte (z. B. Anturie)

In Japan wird Fisch ganz groß geschrieben, und auch bei uns erfreut sich Sushi immer größerer Beliebtheit. Diese farblich klare Komposition aus Schwarz, Grau und Rot ist die Grundausstattung, um die beliebten Röllchen selber zubereiten zu können.

1. Unterfüttern Sie den Korb zur Hälfte mit Papier. Die Kanten des roten Seidenpapiers schlagen Sie ein und decken damit die Unterfütterung ab.

2. Ordnen Sie nun die Gegenstände – der japanischen Ästhetik entsprechend – in klaren Linien an. Legen Sie die Sakeschälchen leicht nach vorne geneigt an die eine Schmalseite. Das Grau der Keramik bildet dabei einen schönen Farbkontrast zu dem roten Seidenpapier. Dieser Farbeffekt wird mit den roten Stäbchen auf der Sushischale wiederholt. Die Stäbchenhalter in Fischform schmücken, angelehnt an die Bastmatte, den Vordergrund Ihres Arrangements.

3. Zum Schluss formen Sie aus den Lederbändchen eine Schlaufe und stecken die Anturie hindurch. Befestigen Sie das Ganze mit dünnem Draht oder Klebeknete auf dem Korbdeckel.

TIPP: *Ergänzen können Sie dieses außergewöhnliche Geschenk z. B. mit einem Rezept für Sushi, geschrieben auf Japanpapier, oder passenden Zutaten, wie Algenblättern, in die der Reis mit Füllung gewickelt wird, Wasabi, dem japanischen Meerrettich oder einer guten Sojasauce. Ein unerlässlicher Begleiter für eine Sushimahlzeit ist auch eingelegter Ingwer. Gehen Sie am besten in einen Asienladen und lassen sich inspirieren.*

Korb: ca. 35,– DM
Inhalt: ca. 40,– DM

金

China kocht

Mit diesem Dampfkorb machen Sie jedem Hobbykoch, der die chinesische Küche liebt, eine Freude! Besonders Gemüse lässt sich darin auf ausgesprochen gesunde Weise garen. Die Größe des Körbchens und die Zutaten können Sie, je nachdem wie teuer und groß das Geschenk werden soll, frei wählen.

1. In dem Dampfkorb können Sie allerlei Kochzutaten für chinesische Gerichte verstauen. Für eine preisgünstige Variante nehmen Sie einfach nur Glasnudeln.

2. Da der Inhalt des Korbes verdeckt wird, sollten Sie der Dekoration umso mehr Beachtung schenken. Teilen Sie eine Portion Glasnudeln ab und befestigen Sie sie mit Klebeknete am Deckel.

3. Legen Sie den Ingwer darauf, und stecken Sie ein Stäbchen hindurch. Die Verzweigungen der Ingwerwurzel sollten eine passende Öffnung ausbilden. Das andere Stäbchen führen Sie schräg durch die Nudeln.

4. Aus der Serviette falten Sie einen Fächer und fixieren ihn mit doppelseitigem Klebeband am Deckel. Die Stäbchenhalter binden Sie mit einem dünnen Bändchen zusammen, stecken einige Bambusblätter dazwischen und befestigen das Ganze mit Klebeknete am Korb.

Dampfkorb
Ø 20 cm, 3 Etagen

Inhalt:

1 Paar schwarze Lackstäbchen
2 Stäbchenhalter in Form von Ginkoblättern
1 Packung Glasnudeln
1 Ingwerknolle
1 Serviette mit Drachenmotiv

Dekoration:

Bambusblätter

TIPP: *Sie können den Korb natürlich auch mit anderen Zutaten der chinesischen Küche füllen, wie mit Soja- oder Sesamsauce, Cashewkernen, Bambussprossen, Shiitake-Pilzen usw. Statt der Bambusblätter eignet sich als Dekoration auch Zitronengras sehr gut – es ist gleichzeitig ein Gewürz für chinesische Gerichte.*

Korb: ca. 35,– DM
Inhalt: ca. 35,– DM

Wie Koch in Frankreich

Holzkiste
30 cm x 20 cm x 13 cm
und Drahthenne

Inhalt:

1 Crêpeholz
1 Schneebesen
1 kleine Flasche Milch
1 kleines Glas Marmelade
1 kleine Flasche Aprikosenlikör
10 Eier

Dekoration:

Moos
Holzwolle
34 cm grober Stoff, rot, ca. 17 cm breit
1 m dünne Kordel, rot
20 cm dünner Draht
1 Rosette in den französischen Nationalfarben

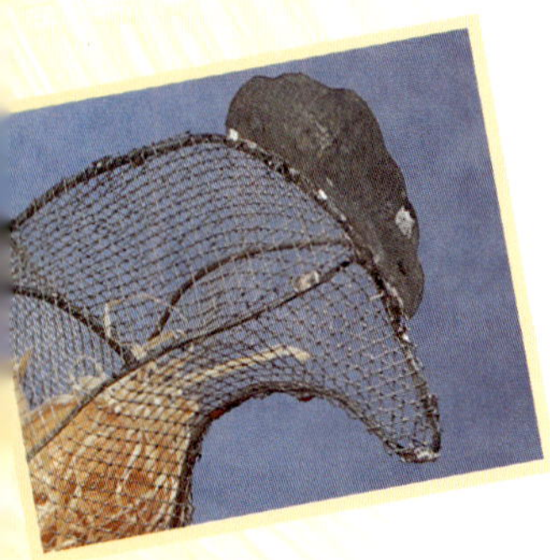

... fühlt sich diese Henne aus Draht, die auf ihrer Kiste thront und über den Zutaten für süße Crêpes wacht. Sicherlich kennen Sie jemanden, der der Versuchung dieses französischen Klassikers mit Vergnügen erliegen wird. Wenn auch keine Reise nach Paris, so ist Ihr Geschenk doch ein kleines Stück „art de vivre"!

1. Unterfüttern Sie die Holzkiste zuerst dick mit Moos – es wird unter dem Gewicht des Inhalts noch zusammengedrückt. Stellen Sie die Henne über Eck auf den Rand und binden Sie die Krallen mit dünnem Draht fest – die Konstruktion muss stabil sein!

2. Polstern Sie die Henne mit etwas Holzwolle aus. Für die Gläserdeckel schneiden Sie zwei Stoffquadrate zurecht und binden sie mit der Kordel auf den Deckeln fest. Arrangieren Sie die Crêpezutaten, den Schneebesen und das Crêpeholz in der Kiste. Die Eier transportieren Sie am besten im Eierkarton und legen sie erst vor Ort in die Henne.

3. Die Rosette befestigen Sie zum Schluss mit Klebeknete an einer Ecke der Kiste.

TIPP: *Wenn Ihnen die ganze Konstruktion zu aufwändig ist, können Sie auch die Drahthenne als Korb verwenden – der Schneebesen, das Crêpeholz und die restlichen Zutaten kommen auch darin sehr gut zur Geltung. Eine zusätzliche persönliche Note erhält Ihr Geschenk z. B., wenn Sie die Milchflasche mit einem handgeschriebenen Crêperezept als Etikett bekleben. Statt der dekorativen Rosette können Sie übrigens auch eine Schleife in den Farben der Trikolore basteln (Tipps auf Seite 12).*

Holzkiste:	*ca. 15,– DM*
Henne:	*ca. 25,– DM*
Inhalt:	*ca. 25,– DM*

Liqueur

Bayrische Brotzeit

Gemütliche Stunden unter Schatten spendenden Kastanienbäumen, ein frisch gezapftes Bier und diesen köstlich gefüllten Korb auf dem Tisch – bei diesem Gedanken geraten garantiert nicht nur waschechte Bayern ins Schwärmen!

Weidenkorb mit Henkel
35 cm x 25 cm x 17 cm

Inhalt:

1 karierte Tischdecke
2 Brotzeitbrettchen
Besteck für 2 Personen
7 Landjäger
3 Brezen
2 Semmeln
1 Rettich
1 Bund Radieschen
1 Schlangengurke
1 Bund Frühlingszwiebeln

Dekoration:

ca. 20 cm dünnes Bändchen, rot-weiß kariert

1. Unterfüttern Sie den Korb zuerst zu einem Drittel mit Zeitungspapier und breiten dann die karierte Decke darüber. Sie können stattdessen auch ein Geschirrtuch verwenden – eine preisgünstigere und trotzdem hübsche Variante.

2. Stellen Sie die Brotzeitbrettchen leicht schräg an den hinteren Korbrand. Davor arrangieren Sie das Besteck, die Landjäger, die Brezen und die Semmeln.

3. Das Gemüse sollte möglichst frisch und appetitlich aussehen. Arrangieren Sie es als farbenfrohen Blickfang entlang der Schauseite des Korbes.

4. Binden Sie nun noch eine Breze als Dekoration an den Henkel und dann heißt es: Auf in den nächsten Biergarten – und legen Sie rechtzeitig bei Petrus ein gutes Wort ein, damit das Wetter hält!

TIPP: *Für alle, die mit der Biergartenkultur noch nicht vertraut sind: Diesen Korb können Sie mit allem bestücken, was zu einem kühlen Bier schmeckt – seien es bayerische Spezialitäten wie ein Obatzter (vielleicht sogar selbst gemacht) und ein Wurstsalat oder auch nur ein gutes Stück Emmentaler Käse und deftiger Bauernspeck. Wenn's ganz zünftig sein soll, legen Sie noch einen speziellen Rettichschneider dazu.*

Korb: ca. 40,– DM
Inhalt: ca. 50,– DM

Biomäßig gesund

Großes Füllhorn
Ø 20 cm, 40 cm lang

Kleines Füllhorn
Ø 14 cm, 30 cm lang

Inhalt (großes Füllhorn):

1 Fruchtaufstrich aus dem Bioladen
1 Packung Apfelkekse
2 Äpfel
1 weiße oder blaue Traube
Pflaumen

Dekoration:

gelbe Holzwolle
15 cm Schleifenband, grün-rot changierend
grüner Bast

Wann haben Sie zuletzt einen richtig guten, saftigen Apfel gegessen? In Bioläden gibt es dieses aromatische Obst noch zu kaufen. Ein Füllhorn voller Früchte und anderer Leckereien, wie Marmeladen und Kekse, kommt bestimmt bei jedem Feinschmecker und gesundheitsbewussten Freund gut an.

1. Die folgende Beschreibung bezieht sich – wie die Zutatenliste – auf das große Füllhorn. Für die kleine Variante treffen Sie bei der Füllung eine Auswahl und gehen entsprechend vor.

2. Bevor Sie Ihr Füllhorn bestücken, kleiden Sie es locker bis in die Spitze mit der gelben Holzwolle aus.

3. Legen Sie erst das Glas mit dem Fruchtaufstrich hinein. Anschließend arrangieren Sie das Obst und die Kekse vorsichtig dazu. Die Weintrauben platzieren Sie oben auf, damit sie nicht zerdrückt werden. Dabei dürfen sie ruhig etwas heraushängen.

4. Zum Schluss binden Sie aus dem rot-grünen Band und dem Bast eine Schleife, wie auf Seite 12 beschrieben, und befestigen diese am Korbrand.

TIPP: *Wollen Sie Ihr Geschenk mit lauter unverfälschten Gaben der Natur bestücken, so lassen Sie sich von der reichen Auswahl in den Regalen der Bioläden inspirieren: Nüsse, Trockenfrüchte und Müsliriegel sind immer willkommene Leckereien für zwischendurch. Und wer's lieber deftig mag, für den eignet sich ein herzhafter Bioschinken, ein Stück würziger Bergkäse oder ein Brot aus echtem Schrot und Korn.*

Kleines Füllhorn: ca. 20,– DM
Großes Füllhorn: ca. 30,– DM
Inhalt: ca. 20,– DM

Körbe für Hobby, Sport und Freizeit

*Wer geht in seiner Freizeit nicht gerne
einem Hobby nach – und Sport steht
dabei für viele an vorderster Stelle.
Doch egal, ob der zu Beschenkende
nun eher zu den Aktiven gehört
oder lieber dem Müßiggang frönt
und die Ruhe beim Picknick unter
schattigen Bäumen sucht – unter
den folgenden Vorschlägen ist mit
Sicherheit für jeden etwas dabei.*

Für Kleinstgärtner

Zinkwanne
Ø 30 cm, Höhe 20 cm

Inhalt:

8 Torftöpfchen
1 Paar Gartenhandschuhe
1 Gartenschürze
1 kleine Schaufel
1 kleine Harke
5 Erdbeerpflänzchen (Monatserdbeere)

Dekoration:

1 blühendes Pflänzchen nach Wahl
1 Drahtschmetterling
1 Rolle Krepppapier, grün

Die „Umverpackung" für dieses Präsent ist eine Zinkwanne, die es in verschiedenen Größen im Gartencenter zu kaufen gibt. Jeder Balkon- oder Gartenbesitzer wird sich über diesen ausgefallenen Übertopf freuen, der – mit Löchern im Boden versehen – auch als Pflanztrog dienen kann.

1. Als Unterbau stellen Sie die umgedrehten Torftöpfchen in die Wanne. Die Zwischenräume können Sie mit Holzwolle oder Papier ausfüllen, damit der Inhalt nicht verrutscht.

2. Legen Sie die Gartenhandschuhe vorne über den Wannenrand und lassen Sie sie etwas herunterhängen. Danach drapieren Sie die gefaltete Gartenschürze auf der gegenüberliegenden Seite.

3. Befestigen Sie den Stiel des Drahtschmetterlings mit Klebeband am inneren Wannenrand. Anschließend stellen Sie die Pflänzchen in die Wanne. Zuletzt stecken Sie Schaufel und Harke zwischen die Töpfchen und füllen die verbliebenen Leerräume mit grünem Krepppapier aus.

TIPP: *Die Monatserdbeere ist ein gezüchteter Abkömmling der Walderdbeere. Sie wächst hervorragend auf nährstoffreichem Boden und gedeiht bei reichlich Feuchtigkeit und an einem mäßig sonnigen Platz auch in Töpfen und Pflanzkästen, sodass selbst „Kleinstgärtner" den ganzen Sommer über aromatische Früchte ernten können. – Falls Sie Ihrem Präsent noch ein Kärtchen beifügen möchten, macht sich ein Paketanhänger gut, den Sie einfach mit einer Schleife aus mehrsträngigem Bast anbinden.*

Zinkwanne: ca. 40,– DM
Inhalt: ca. 60,– DM

Rosmarinus officinalis
Majorana hortensis

Gärtnern für die Küche

Für Feinschmecker, Hobbyköche und alle, die über keinen Garten verfügen, ist diese Kiste mit Kräutern ein wahrer Schatz an Aromen für die Vitalküche. Der Beschenkte kann aus den Kräutern und den übrigen Zutaten sogar seinen eigenen Kräuteressig oder eine individuelle Ölmischung herstellen.

1. Widmen Sie sich zuerst der Kiste selbst: Mit der gelben Wandfarbe bemalt, macht diese Umverpackung einen fröhlichen und ansprechenden Eindruck.

2. Stellen Sie die Töpfchen und Flaschen in die Kiste – die größeren nach hinten, die kleineren weiter nach vorne. Sparen Sie dabei die Mitte möglichst aus. Hier findet der Holzmörser seinen Platz. Fixieren Sie das Arrangement, indem Sie die verbleibenden Zwischenräume mit dem künstlichen Gras füllen.

3. Beschriften Sie die beiden Täfelchen und stecken Sie sie in das jeweils dazugehörige Kräutertöpfchen.

4. Zum Abschluss binden Sie eine dreilagige Schleife (Tipps hierzu finden Sie vorne auf Seite 12) und befestigen sie mit dem dünnen Bändchen an der Kiste.

Gemüsekiste
40 cm x 30 cm x 12 cm

Inhalt:

je 1 Töpfchen Rosmarin Minze, Thymian, Majoran, Oregano
1 Holzmörser
3 große Flaschen Öl
2 kleine Flaschen, nach Wunsch gefüllt mit Essig

Dekoration:

1 Flasche gelbe Wandfarbe
1 Beutel grüne Grasfasern
2 Holztäfelchen am Stock
60 cm Gitterband, grün, 8 cm breit
45 cm Gitterband, grün, 5 cm breit
50 cm Papierband, gelb, 6 cm breit
60 cm dünnes Bändchen, gelb

TIPP: *Die Täfelchen eignen sich natürlich auch hervorragend, um kurze Glückwünsche darauf zu schreiben. Auch ein Rezeptbuch für die Herstellung von Öl oder Essig ist eine nette Zugabe. Sollte Ihnen der Korb in dieser Ausführung zu teuer werden: Zwei Kräutertöpfchen in einer kleinen Kiste und nur eine dekorative Flasche – je nach Geldbeutel entweder leer oder mit Öl oder Essig gefüllt – nehmen dem Arrangement nichts von seinem Charme.*

Kiste: kostenlos (beim Gemüsehändler nachfragen!)
Inhalt: ca. 65,– DM

Für den Bastler in spe

Spankorb
30 cm x 20 cm x 10 cm

Inhalt:

1 Zollstock
1 Kreuzschraubenzieher
1 Schraubenzieher
1 Hammer
1 Schachtel Stahlnägel
1 Wasserwaage
1 Spachtel
1 Eisensäge
1 Rolle Isolierband
1 Gipstöpfchen
1 Schwämmchen für Ausbesserungsarbeiten
1 Pinsel

Dekoration:

25 cm grober Stoff, rot, 12 cm breit
1 Rolle Hansaplast
1 Pflaster

Schenken Sie diese Grund- und Notausrüstung all jenen, die Sie am Samstagvormittag von Zeit zu Zeit gern mit Anrufen heimsuchen wie: „Wir haben gerade ein Regal gekauft. Könntest du mal ...". Mit diesem Korb wehren Sie derartige Anfragen für die Zukunft erfolgreich ab – und können Ihre Wochenenden genießen.

1. Ziehen Sie den Zollstock ziehharmonikaartig auseinander und stellen Sie ihn an die Rückseite des Korbes.

2. Nun ordnen Sie die Ausrüstung des zukünftigen Heimwerkers im Korb an. Achten Sie dabei auf eine gleichmäßige Verteilung der großen und schweren Gegenstände, wie Hammer und Wasserwaage, die Sie als Erstes hineinlegen sollten. Die kleineren Utensilien platzieren Sie zum Schluss. Den Deckel der Nagelkiste sollten Sie für den Transport besser nicht entfernen, da sich sonst deren Inhalt im Korb verteilt.

3. Fertigen Sie nun aus dem roten Stoff, einem Hansaplaststreifen und einem Pflaster eine Schleife (wie auf Seite 12 beschrieben) und befestigen Sie diese mit Klebeknete oben auf dem Henkel des Korbes.

TIPP: *Manche Heimwerker neigen dazu, mit dem Hammer statt auf den Nagel in der Wand zielsicher auf den eigenen Daumen zu schlagen. Zur Schmerzlinderung, können Sie noch eine Tube kühlendes Gel und eine Mullbinde dazulegen. Auch eine Flasche Bier als wohlverdiente Erfrischung nach getaner Arbeit ist in diesem Geschenkkorb nicht fehl am Platz.*

Korb: ca. 15,– DM
Inhalt: ca. 60,– DM

Für den Drahtesel

Bei der letzten Fahrradtour mit Ihrer besten Freundin fing bereits nach fünf Kilometern das hintere Schutzblech an zu klappern, ihre Tasche fiel ständig vom Gepäckträger und zu guter Letzt hatte sie auch noch einen Platten. Ihnen war schlagartig klar: Hier hilft nur noch ein gut gefüllter Fahrrad-Geschenkkorb.

1. Das Arrangement dieses Korbes birgt keine allzu großen Schwierigkeiten. Zunächst stellen Sie die Lenker-Tasche zusammen mit der Trinkflasche, die Sie mit einem Powerdrink füllen können, hinein.

2. Die Hupe lässt sich leicht mit einem Stück Draht an einer Korbecke befestigen.

3. Um den Schraubenschlüssel und den Schraubenzieher besonders gut zur Geltung zu bringen, binden Sie diese mithilfe der Hosenklettbänder zu einer „Biker-Schleife" und befestigen das Ganze an einer freien Ecke des Korbes.

4. Eine pfiffige Dekoration stellt der kleine Drahtesel aus dem Geschenkeladen dar. Zusammen mit dem schwungvoll eingehängten Expander gibt er Ihrem Korb den letzten Schliff.

Fahrradkorb, zusammenklappbar, seitlich anzubringen
35 cm x 20 cm x 22 cm

Inhalt:

1 Tasche für die Lenkstange mit Flickzeug
1 Trinkflasche
1 Hupe
1 Paar Hosenklettbänder
1 flacher Schraubenschlüssel
1 Schraubenschlüssel („Knochen")
1 Schraubenzieher
1 Expander

Dekoration:

1 kleines Dekofahrrad aus Draht

TIPP: *Es gibt einige Dinge, die Radfahrern gerne abhanden kommen – so wird sich jeder Biker über eine Luftpumpe oder neue „Katzenaugen" freuen. Wenn gar noch ein Regencape oder eine Radwanderkarte zum Präsent gehören, machen auch größere Touren garantiert Spaß.*

Korb: ca. 30,– DM
Inhalt: ca. 50,– DM

Petri Heil!

Anglerkorb
30 cm x 20 cm x 25 cm

Inhalt:

1 Sitzkissen
1 Windlicht in Fischform
1 Handwärmer
3 verschiedene Fliegen
1 Froschtwister
1 Spinner für Raubfische
1 Wobbler
2 Blinker
1 Schwimmer

Das wünscht man jedem Angler, und mit diesem Korb an seiner Seite wird ihm Fortuna beim Fischen sicherlich hold sein. Sollte ihm die feuchte Kälte in die Glieder ziehen, so leistet der Handwärmer gute Dienste und ein Sitzkissen sorgt für etwas mehr Bequemlichkeit während des geduldigen Wartens.

1. Verstauen Sie das bunte Sitzkissen zuunterst im Korb. Es bildet die dekorative Unterlage für die übrigen Utensilien, die dadurch nicht im Korb versinken können und sofort ins Auge fallen.

2. Das Fisch-Windlicht füllt den verbleibenden Platz zu einem guten Teil aus. Der Handwärmer kommt in der anderen Korbhälfte zum Liegen.

3. Die Köder, wie Blinker, Fliegen, Wobbler und Spinner hängen Sie dekorativ an den Korb oder Korbdeckel – aber Vorsicht, es ist ausgesprochen schmerzhaft, wenn sich die Haken in die Haut bohren!

TIPP: *Erkundigen Sie sich vor dem Kauf, auf welche Fische der Beschenkte geht, denn nicht jeder Angler verwendet die gleichen Köder. Falls Sie wissen, dass Humor für sie/ihn kein Fremdwort ist, legen Sie doch noch ein paar vakuumverpackte geräucherte Forellen dazu – als Trost, falls doch kein Fisch anbeißt! Petri Dank!*

Korb: ca. 30,- DM
Inhalt: ca. 50,- DM

Für Wasserratten

... und jene, die es erst noch werden möchten (oder sollen?), heißt es hier: Pack die Badehose ein! Diese farbenfrohe Badetasche bringt bestimmt auch eine wasserscheue Freundin dazu, einen Ausflug an den nächsten Badesee zu wagen und dank der Ausstattung dort nicht nur faul in der Sonne zu liegen.

Badetasche
55 cm x 30 cm x 45 cm

Inhalt:

1 Paar Federballschläger
1 Federball
1 Paar Schwimmflossen
1 Taucherbrille
1 Badetuch, grün
1 kleines Handtuch, türkisfarben

Dekoration:

1 Quietschente

1. Stellen Sie die Federballschläger und die Flossen an eine Seite der Tasche. Mit den Frotteetüchern, die Sie daneben legen, fixieren Sie ihre Position. Anschließend ziehen Sie die Ecke des einen Handtuchs hoch und lassen sie lässig über den Rand hängen.

2. Die Frotteetücher dienen gleichzeitig als Unterbau für die Taucherbrille und den Federball, die Sie obenauf legen.

3. Die Quietschente thront zum Schluss vorwitzig auf dem Zipfel des Badehandtuchs. Da sie sich beim Transport natürlich selbstständig machen würde, platzieren Sie sie entweder erst bei Übergabe des Geschenks, oder binden ihr eine Schleife um den Hals und befestigen sie an einem Henkel.

TIPP: *Das „Badeequipment" lässt sich bei Bedarf variieren, indem Sie z. B. die Federballschläger durch eine Frisbeescheibe oder ein Beachballset ersetzen. – Sollte die „Wasserratte" tatsächlich gar keine sein und die ersten Schwimmversuche wagen, ist sie mit einem Schwimmreifen sicher besser beraten als mit Flossen. – Während der Badesaison bieten viele Geschäfte eine gute Auswahl an witzigen Kühlboxen an, die sich als Alternative zur Badetasche eignen und sicher auch bestens ankommen.*

Tasche: ca. 35,– DM
Inhalt: ca. 65,– DM

Der Berg ruft

Holzkorb
35 cm x 20 cm x 10 cm

Inhalt:

1 Steingutflasche, gefüllt mit Enzianschnaps
1 Wanderkarte
1 Taschenmesser
1 Apfel
2 Karotten
1 Päckchen Sesamkekse
verschiedene Müsliriegel
1 Schnupftuch

Dekoration:

1 Beutel Bast, naturfarben

... und wer diesen zünftigen Bergsteigerkorb erhält, wird der Aufforderung sicher gerne folgen. Alles, was Wandersmann oder -frau auf einer Bergtour braucht, findet er/sie hier. Ob Kraftfutter und erfrischendes Obst für den Aufstieg oder das Belohnungsschlückchen für den Gipfel – hier kommt jeder auf seine Kosten!

1. Um den rustikalen „Look" dieses Holzkorbes zu unterstreichen, zupfen Sie den Bast auseinander und verteilen ihn als Unterlage im Korb.

2. Die Steingutflasche findet sicheren Halt in einer hinteren Ecke. Die Wanderkarte stellen Sie gut sichtbar hochkant an die Seite des Korbes. „Trockenfutter" und vitaminreiche Frischkost – Karotten mit Grün machen sich hier besonders gut – werden davor verteilt, das Taschenmesser steckt dazwischen.

3. Das Schnupftuch – unverzichtbar auf jeder Bergtour – wird an den Henkel gebunden und gibt dem Ganzen den letzten Schliff. Sie können den Korb auch mit dem Tuch abdecken, bevor Sie ihn übergeben – so ist der Überraschungseffekt größer.

TIPP: *Viele Bergsteiger verzichten auf den Gipfelschluck – man möchte ja schließlich auch wieder heil runterkommen. In diesem Fall fügen Sie statt der hochprozentig gefüllten Steingutflasche eine kleine Thermoskanne für Tee oder eine leichte und robuste Alu- oder Plastikflasche hinzu. Falls es Ihr Bergkamerad oder die Bergkameradin etwas herzhafter mag, legen Sie statt der Kekse und Müsliriegel ein paar leckere, luftgetrocknete Würstchen mit hinein.*

Korb: ca. 25,– DM
Inhalt: ca. 30,– DM

ORIGINAL
Penninger
KAISER
Kiefersfelden
Ebbs
Niederndorf

Barbecue – mal anders

Wenn Sie zur nächsten Grillparty nicht mit leeren Händen erscheinen wollen, ist dieses „Mitbringsel" genau das Richtige – selbst für versierte Grillexperten: In den speziellen Eisenhalterungen kann ein köstlicher Fisch gebraten werden, und die passenden Würzzutaten, wie frische Kräuter und Zitronen, schenken Sie gleich mit.

Geflochtener Korb mit Holzhenkel
40 cm x 30 cm x 15 cm

Inhalt:

2 Fischhalterungen
2 Gewürzgläser mit Fischgewürzen
1 Windlicht
3 Zitronen
je 1 Zweig Dill, Rosmarin, Thymian und Zitronenmelisse

Dekoration:

1 m Seidenstoff, blau

1. Da es sich hier um einen flachen Korb handelt, können Sie auf eine Unterfütterung verzichten. Drapieren Sie also lediglich den Stoff im Korb.

2. Die Grillhalterungen stellen Sie schräg in den hinteren Teil des Korbes, das Windlicht an die eine Seite und die beiden hübsch verpackten Gewürzgläser daneben.

3. Als leuchtenden Farbtupfer legen Sie die Zitronen in den Vordergrund. Binden Sie aus den frischen Kräutern ein Sträußchen. Da dieses Bouquet rasch welkt, dürfen Sie es erst kurz vor dem Aufbruch zur Party zusammenstellen. Für einen längeren Transport schlagen Sie die Stielenden in feuchtes Küchenpapier und umwickeln dies mit Alufolie.

TIPP: *Wenn Sie frischen Fisch direkt mitliefern möchten, sollten Sie ihn im Fachgeschäft vakuumverpacken lassen, sodass er länger haltbar ist. – Die Grillhalterungen sind ebenso für Würstchen, Maiskolben, Auberginenscheiben und anderes Gemüse, das beim Grillen leicht auseinander fällt, geeignet. Sie können diesen Korb natürlich mit frischen Zutaten für die Grillparty, z. B. mit einer Schüssel Salat oder einem Baguette ergänzen.*

Korb: *ca. 45,– DM*
Inhalt: *ca. 50,– DM*

Für schattige Plätzchen

Picknickkorb mit Deckel
55 cm x 40 cm x 40 cm

Inhalt:

1 Picknickdecke
4 Plastikteller
4 Plastikschüsseln
4 Plastikbecher
4 Garnituren Plastikbesteck
1 Flasche Bier mit Bügelverschluss
1 große Salatgurke
2 Baguette

Dekoration:

1 Packung Servietten, farblich passend zum Korb

Schluss mit der Wintermüdigkeit – endlich ist der Frühling da und ein laues Lüftchen lockt ins Freie. Sie haben Freunde, die leidenschaftlich gerne picknicken? Dann ist dies genau der richtige Korb! Er enthält eine solide Grundausstattung – auch fürs leibliche Wohl. Jetzt fehlt nur noch das geeignete Plätzchen ...

1. Bringen Sie zuerst die Picknickdecke im Korb unter und lassen Sie dabei eine Ecke über den Rand schauen. Eine weitere Unterfütterung ist hier nicht notwendig.
2. Stecken Sie die Baguettestangen hinten in den Korb und legen Sie die Flasche Bier und die Servietten als Puffer daneben. Arrangieren Sie davor die Teller und die Schüsseln. Vorn im Korb ist noch ein Plätzchen frei für die Gurke und jeweils zwei ineinander gestapelte Plastikbecher. Zum Schluss stecken Sie noch das Besteck dazwischen.
3. Wenn Sie wollen, können Sie aus einer Serviette eine Schleife binden oder einen Fächer falten und an einen der Korbhenkel binden.

TIPP: *Wenn Sie diesen Korb gleich bei einem Picknick überreichen möchten, sollte er natürlich gut gefüllt sein, z. B. mit einem selbst gemachten Salat in einer verschließbaren bunten Schüssel, einem Salz- und Pfefferstreuer mit Deckel, einer Nachspeise für die Leckermäulchen oder einer Flasche Rotwein. Den leiblichen Genüssen im Freien sind keine Grenzen gesetzt!*

Korb: ca. 70,– DM
Inhalt: ca. 40,– DM

Jahreszeitengrüße

Der Winter hat sich verabschiedet, die ersten Blütenköpfe suchen die Sonne – sicher eine gute Gelegenheit für einen Frühlingskorb. Oder ist es bereits wieder Herbst, die Tage werden kürzer und Kerzenlicht wärmt die Seele? Lassen Sie sich von den folgenden Ideen inspirieren – je nach Jahreszeit, Lust und Laune.

Winter ade!

Holzkiste
35 cm x 20 cm x 11 cm

Inhalt:

3 Hyazinthengläser, grün
3 Hütchen in Türkis, Lila und Grün
10 Hyazinthenzwiebeln

Dekoration:

Dekogras, hellgrün
60 cm Schleifenband aus Tüll, lila, 10 cm breit
50 cm Schleifenband, lila, 5 cm breit
60 cm Schleifenband, grün, 4 cm breit
15 cm Schleifenband, hellgrün, 1,5 cm breit
1 Kärtchenanhänger mit Hyazinthen

So tut scheiden bestimmt nicht weh. Mit diesen dekorativen Hyazinthengläsern und den dazugehörigen Blumenzwiebeln bringen Sie den Frühling in jedes Haus. Und spätestens, wenn die ersten Hyazinthen aufblühen und ihren charakteristischen Duft verströmen, wird sich der Winter schmollend zurückziehen.

1. Stellen Sie zuerst die drei Hyazinthengläser entlang der einen Längsseite in die Kiste und setzen Sie die Hütchen darauf.

2. Nun füllen Sie den davor liegenden Freiraum mit dem Dekogras aus. Dies schützt nicht nur die Hyazinthengläser, sondern dient zugleich als Polster für die Blumenzwiebeln, die darin eingebettet werden.

3. Die dreilagige farbenfrohe Schleife rundet das Frühlingsensemble perfekt ab. (Tipps zum Thema Schleifen finden Sie im Einleitungsteil auf Seite 12.)

4. Beschriften Sie zuletzt das Kärtchen und hängen Sie es an das dünne hellgrüne Bändchen, das die Schleife zusammenhält. Befestigen Sie dann das Ganze an der Holzkiste.

TIPP: *Sie können sich natürlich auch die Mühe machen und die Hyazinthen vorziehen. Das funktioniert folgendermaßen: Sie füllen die Gläser zu 2/3 mit Wasser und setzen die Zwiebeln hinein. Die Hütchen verhindern, dass zu viel Licht an die Zwiebeln gelangt, bevor diese Wurzeln gezogen haben. Nach ein bis zwei Wochen treiben die Wurzeln und der grüne Keim aus. Jetzt können Sie die Hütchen abnehmen.*

Kiste: ca. 15,– DM
Inhalt: ca. 35,– DM

Frühlingserwachen

Den ersten kräftigen Sonnenstrahlen gleich leuchten die gelben Tulpen. Der Anblick dieses prächtigen Blumenarrangements, das durch die zartgrüne Schleife harmonisch ergänzt wird, sorgt dafür, dass auch der letzte Rest von Wintermüdigkeit aus den Augen vertrieben wird – willkommen im Frühling!

Korb mit langen Weidenruten
Ø 30 cm

Inhalt:

- 1 Strauß mit 30 gelben Tulpen
- 1 Plastikschüssel (muss in den Korb passen)
- 1 großer Steckschwamm

Dekoration:

- 1 m Schleifenband, hellgrün, 5 cm breit
- 1 m Schleifenband aus Gaze, lindgrün, 5 cm breit
- 80 cm Schleifenband mit Durchbruchblümchen, gelbgrün, 5 cm breit
- 20 cm Kordel, gelbgrün
- 1 Dekomarienkäfer

1. Schneiden Sie zuerst den Steckschwamm für die Form der Plastikschüssel passend zu und tränken ihn mit Wasser, bis er sich ausreichend voll gesogen hat.
2. Stellen Sie die Schüssel in den Korb. Die Tulpen können nun auf die gewünschte Länge zugeschnitten und anschließend gleichmäßig im Steckschwamm verteilt werden. Um keine Tulpe zu knicken, gehen Sie dabei am besten von innen nach außen vor.
3. Binden Sie eine dreilagige Schleife, wie auf Seite 12 beschrieben. Den kleinen Marienkäfer kleben Sie als roten Farbtupfer in die Mitte. Zum Schluss binden Sie mit der dünnen Schleifenkordel die Weidenruten zusammen – fertig ist Ihr Frühlingsgruß.

TIPP: *Wenn der Frühling kommt, ist auch Ostern nicht mehr weit. Dieser Korb lässt sich ohne weiteres in einen Osterkorb verwandeln: An die Weidenruten können Sie bunte Deko-Ostereier hängen, und den Korb füllen Sie mit Süßigkeiten, einem Osterfladen oder den Zutaten für ein gemütliches Osterfrühstück. Aber Vorsicht! So leicht lässt sich diese Überraschung in Anbetracht der Größe nicht verstecken.*

Korb: ca. 30,– DM
Inhalt: ca. 30,– DM

Aus dem Garten

Geflochtener Teller, gelb
Ø 35 cm

Inhalt:

3 Gläser Marmelade mit Schraubdeckel
3 Birnen
1 bestickte Fliegenhaube
1 Kerze im Einmachglas

Dekoration:

1 blühende Herbstaster, gelb
50 cm Schleifenband, orange, 4 cm breit
40 cm kariertes Schleifenband, 3,5 cm breit
20 cm dünnes Bändchen, gelb

Selbst gemachte Marmelade schmeckt nicht nur gut – so dekorativ unter die Haube gebracht, ist sie obendrein ein Fest für die Augen. Die Fliegenhaube ist eine nützliche Zierde für jeden Gartentisch – sie schützt nicht nur frische Marmelade, sondern auch süßes Obst vor naschhaften Bienen und anderen Insekten.

1. Bei diesem Arrangement können Sie auf eine Unterfütterung verzichten. Stellen Sie also die drei Gläser mit Marmelade nach hinten und die als Marmelade getarnte Kerze in die Mitte.

2. Die frischen Birnen sowie die Aster, deren Stiel auf etwa 3 cm Länge gekürzt werden muss, finden als frischer, appetitlicher Blickfang auf dem vorderen Tellerrand ihren Platz.

3. Zum Schluss decken Sie das ganze Arrangement mit der Fliegenhaube ab. Wie Ihnen die hübsche Schleife gelingt, die auf der Haube sitzt, können Sie auf Seite 12 nachlesen. Sollten Sie das Rezept Ihrer Lieblingsmarmelade nicht wie ein strenges Geheimnis hüten, können Sie es auf eine farblich passende Papierrolle schreiben, die Sie z. B. mit Bast zusammenbinden und dazulegen.

***TIPP:** Sie können keine schön bestickte Fliegenhaube auftreiben? Kein Problem: Legen Sie einfach selbst Hand an. Besorgen Sie sich hierzu verschiedenfarbigen Bast und eine Stopfnadel und lassen Sie Ihrer Fantasie bei den Motiven freien Lauf: einen Gruß oder Glückwunsch, den Namen des Marmeladenliebhabers, Blumen, Äpfel, Birnen, Kirschen ...*

Korb: *ca. 30,– DM*
Inhalt: *ca. 30,– DM*

Gemüsegrüße

Es muss nicht immer Kaviar sein. Manchmal ist ein Korb voller Vitamine origineller, zumal wenn er so ansprechend aussieht wie dieser hier. Sollten Sie gar selbst Gemüse in einem großen oder „Klein"-Garten anbauen, wird Ihr Präsent sicher besonders gut ankommen. In diesem Containerkorb ist Ihre Ernte gut aufgehoben.

Containerkorb
50 cm x 40 cm x 20 cm

Inhalt:

1 Wirsing
1 grüner Blumenkohl
1 Spitzkohl
1 kleiner Zierkürbis
5 Gartengurken
3 Tomaten

Dekoration:

1,20 m Rupfenband, blau, 10 cm breit
20 cm Hanfseil, orangerot

1. Je nachdem, welche Mengen an Gemüse Ihnen zur Verfügung stehen, müssen Sie den Korb mehr oder weniger unterfüttern. (Tipps hierzu finden Sie auf den Seiten 10 und 11.) Schichten Sie nun das Gemüse der Reihe nach und je nach Größe und Gewicht in den Korb – die schweren Kohlköpfe etwa kommen ganz nach unten.

2. Wirsing, Spitzkohl und grünen Blumenkohl bauen Sie am besten im Hintergrund auf. Die Gartengurken stecken Sie an die Seite. Kleineres Gemüse, wie etwa die Tomaten, dürfen ganz nach vorne rücken und sollten oben ihren Platz finden, damit sie nicht zerdrückt werden.

3. Die einfache Schleife binden Sie aus dem Rupfenband – wie das funktioniert, erfahren Sie im Einleitungsteil auf Seite 12 – und befestigen sie mit dem dünnen orangefarbenen Bändchen an einem Griff des Korbes.

TIPP: *Die Ausbeute Ihrer Gartenernte beschränkt sich überwiegend auf eine Unmenge an Zucchini und Tomaten? Machen Sie doch einfach eine grün-rote Korbvariante daraus und verschenken Sie sie mit erprobten Rezepten zum Einlegen, Einkochen oder Marinieren dieser Gemüsesorten.*

Korb: ca. 35,– DM
Inhalt: ca. 30,– DM

Ein Rest von Sommer

Quadratischer Weidenkorb
32 cm x 32 cm x 15 cm

Inhalt:

- 4 große Hortensienblüten
- 7 Viburnum (Geißblattgewächs)
- 5 Mohnkapseln
- 2 Blumensteckschwämme
- 1 m Plastikfolie

Dekoration:

- 1 gedrehter Weidenrutenzweig

Rosen, Tulpen, Nelken ... hier sind es Hortensien, die mit der Zeit welken werden. In diesem Fall macht das aber nichts, da das Blumenarrangement auch als Trockengesteck seinen Reiz hat und noch lange Zeit Freude schenken wird.

1. Kleiden Sie zunächst den Korb mit einer Plastikfolie aus, damit er wasserdicht ist. Überstehendes Material schneiden Sie ca. 5 cm unterhalb des Korbrands ab. Die Steckschwämme müssen jetzt eingepasst und zugeschnitten werden.
2. Damit das Blumenarrangement länger hält, tränken Sie die Steckschwämme mit reichlich Wasser. Stecken Sie nun die großen Doldenblüten der Hortensien so hinein, dass jede Ecke des Korbes ausgefüllt wird und die untersten Blütenblätter mit dem Rand abschließen. Dazu müssen Sie die Stiele entsprechend kürzen.
3. Das Viburnum setzen Sie in die Mitte, die Mohnkapseln werden darum verteilt. Den dekorativen Abschluss des Ganzen bildet der kunstvoll geformte Weidenrutenzweig, den Sie wie die später trocknenden Blumen in jedem gut sortierten Fachgeschäft bekommen können.

TIPP: *Eine Hortensienblüte kommt auch einzeln in einem kleinen Korb sehr gut zur Geltung. Mit etwas Bast in Blau oder Grün und einer großen Schleife können Sie ihn herausputzen und haben im Handumdrehen ein schönes, preisgünstiges Mitbringsel.*

Korb: ca. 35,– DM
Inhalt: ca. 50,– DM

Apfelzeit

Ihre Freundin ist begeisterte Kuchenbäckerin? Machen Sie doch aus dieser Leidenschaft ein Geschenk. Eine derart originelle Kuchenform besitzt sie sicher noch nicht. Gefüllt mit rotbackigen Äpfeln und einem Ausstecher für das Kerngehäuse sieht das Arrangement geradezu zum Anbeißen aus.

Apfelkuchen-backform
Ø 25 cm

Inhalt:

1 kg Äpfel
1 Ausstecher fürs Kerngehäuse

Dekoration:

1 Packung Bast, gelb
30 cm Schleifenband, rot, 4 cm breit
40 cm Gitterband, gelb, 6 cm breit
20 cm dünne Kordel, gelb
1,5 m Rebengirlande
1 Bogen Tonpapier, rot
1 Bogen Papier, gelb-grün, für das Rezept

1. Legen Sie die Apfelkuchen-backform großzügig mit dem gelben Bast aus und fullen Sie die Äpfel hinein.
2. Binden Sie nun die Reben-girlande zu einem doppel-ten Bogen zusammen und klemmen Sie sie hinter die Äpfel in die Form.
3. Aus dem gelben Gitter- und dem roten Schleifenband binden Sie eine zweilagige Schleife, wie auf Seite 12 beschrieben, und befestigen diese an dem Rebenbogen.
4. Schreiben Sie Ihr Lieblings-apfelkuchenrezept auf ein farblich passendes Blatt Papier und rollen dieses zusammen. Binden Sie ein Stück Bast darum und ver-zieren es mit einem Äpfel-chen, das Sie aus rotem Papier ausschneiden.
5. Abschließend stecken Sie das Rezept und den Kern-gehäuseausstecher zwi-schen die Äpfel in die Backform hinein.

TIPP: *Dieser Korb sieht auch in Folie verpackt sehr attraktiv aus. Bringen Sie dafür nur eine kleine Schleife an dem Rebenbogen an. Mit der großen zweifarbigen Schleife binden Sie die Folie oben zusammen.*

Backform: *ca. 25,– DM*
Inhalt: *ca. 15,– DM*

Erntedank

2 Gräserkörbe
Ø 40 cm und Ø 25 cm

Inhalt:

1 Flasche Weißwein
1 Hokkaidokürbis
1 gelbe Paprika
2 Maiskolben
3 Zwiebeln
1 weiße Weintraube
1 Camembert
je 1 Glas Leberpastete und Schmalz
1 Zierkürbis
Maroni

Dekoration:

Moos, hellgrün
60 cm Schleifenband, dunkelrot, 6 cm breit
50 cm Schleifenband, hellgrün, 4 cm breit
30 cm Schleifenband, rot-grün changierend, 2,5 cm breit
20 cm dünnes Bändchen, hellgrün
50 cm Schleifenband, dunkelrot, 4 cm breit
30 cm Schleifenband, hellgrün, 3 cm breit
20 cm Kordel, dunkelrot

Auch der Herbst hat seine zauberhaften Seiten, und mit diesem Präsent fällt der Abschied vom Sommer leichter. Das traditionelle Erntedankfest ist ein schöner Anlass, um einen Korb gefüllt mit Gaben der Natur und jahreszeitlich passenden Delikatessen zu verschenken. Hier finden Sie eine kleine und eine große Variante.

1. Unterfüttern Sie den Korb zuerst mit etwas Papier und schichten Sie darauf das hellgrüne Moos, damit die größeren und schweren Gegenstände ein gutes Fundament haben.

2. Legen Sie die voluminöseren Teile – beim größeren Korb die Weinflasche und den Hokkaidokürbis, bei der kleineren Variante die beiden Gläser – in den hinteren Teil des Korbes. Dagegen kommen die kleinen oder empfindlichen Dinge besser im Vordergrund zur Geltung.

3. Die zwei- bzw. dreilagige Schleife binden Sie, wie auf Seite 12 beschrieben, und befestigen sie am Korbrand. Dazu ziehen Sie am besten ein 10 cm langes Stück Draht von hinten durch die Schleife und stecken die Drahtenden in der Korbwand fest.

TIPP: *Sie haben nicht den richtigen Korb gefunden oder möchten gerne selbst kreativ werden? Dann besorgen Sie getrocknete Gräser und Ähren, schnüren diese zu kleinen Bündeln zusammen und legen einen schlichten runden Korb einfach kreisförmig damit aus. Mit etwas mehr Aufwand lässt sich das Material auch außen am Korb mit Blumendraht befestigen.*

Kleiner Korb: ca. 20,– DM
Großer Korb: ca. 30,– DM

Excellent

Wenn es kalt wird

... ist auch wieder mehr Zeit für Besinnlichkeit – und wer genießt diese Stunden nicht gerne bei einer guten Tasse Tee? Dieses Geschenk erinnert an behagliche Stunden, und der würzige Duft von Zimt und Anis lässt es jedem warm ums Herz werden.

Holzkiste, Deckel mit Drahtgeflecht
25 cm x 17 cm x 12 cm

Inhalt:

3 kleine dekorative Dosen mit diversen Teesorten
4 Kandissticks
1 Teesieb

Dekoration:

1 Schüttelkarte, grün
4 Zimtstangen
getrocknete Orangenscheiben
Anissterne, Muskat, Nelken
1 Bogen Seidenpapier, orangerot
20 cm Schleifenband, grün

1. Unterfüttern Sie die Holzkiste zuerst großzügig mit einigen Lagen einfachen Papiers und legen Sie dann das orangerote Seidenpapier darüber.

2. Binden Sie die Kandissticks mit dem grünen Schleifenband zusammen und arrangieren Sie anschließend den gesamten Inhalt dekorativ in der Kiste.

3. Um ein verheißungsvoll duftendes Präsent überreichen zu können, verteilen Sie in dem Kistchen noch eine würzige Mischung aus Anissternen, Nelken, Muskat, Zimt sowie die getrockneten Orangenscheiben.

4. In die Schüttelkarte, die Ihnen Platz für ein paar nette Zeilen bietet, streuen Sie ebenfalls etwas von Ihrer Duftmischung. Legen Sie sie entweder in die Kiste hinein oder oben auf den geschlossenen Deckel.

TIPP: *Etwas Süßes braucht der Mensch! Ergänzen Sie das Geschenk, wenn Sie möchten, noch durch Plätzchen, Dominosteine oder kleine Lebkuchenherzen. Auch auf die Jahreszeit abgestimmte Aromaöle für Duftlampen sind eine Wohltat fürs Gemüt – es gibt sie in zahlreichen fertig zusammengestellten Mischungen zu kaufen.*

Kiste: ca. 35,– DM
Inhalt: ca. 30,– DM

Adventsgrüße

Ovaler Eisenkorb
35 cm x 25 cm x 10 cm

Inhalt:

1 Backrolle
3 große Ausstechformen
1 Staubzuckerdose
Zimtsterne

Dekoration:

Tannenzweige
5 Dekoholzsterne am Band
60 cm Schleifenband, rot, 8 cm breit
20 cm Kordel, rot
Engelshaar, silberfarben

Die ersten Schneeflocken fallen, und es wird höchste Zeit, einen Vorrat an Plätzchen anzulegen oder ihn vielleicht sogar schon zu ergänzen. Der ideale Zeitpunkt also, um einen Korb mit entsprechendem Equipment zu verschenken, das selbst einen Backmuffel zu den Förmchen greifen lässt.

1. Legen Sie den Eisenkorb zuerst mit einigen kleinen Tannenzweigen aus. Etwas silberfarbenes Engelshaar schmückt den Vordergrund.

2. Die Backrolle und den Streuer für Puderzucker legen Sie zuerst hinein. Dann werden die Ausstecher ebenso wie die Zimtsterne dekorativ im Korb verteilt.

3. Die von der Technik her einfache, aber dennoch prächtige rote Schleife bildet einen leuchtenden Akzent (Tipps zum Thema Schleifenbinden auf Seite 12). Abschließend dekorieren Sie den Korb noch mit den silbernen Holzsternen.

TIPP: *Ein kleines Backbuch für Weihnachtsplätzchen oder gar eine Zusammenstellung der eigenen geheimen Familienrezepte aus Großmutters Schatz wäre eine gelungene Ergänzung. Sie können dafür z. B. ein DIN-A5-Schulheft verwenden, das Sie in Weihnachtspapier einbinden oder Sie schreiben die Rezepte auf dekorative Einzelblätter, die Sie lochen und mit einem schönen Band zusammenbinden.*

Korb: ca. 35,– DM
Inhalt: ca. 30,– DM

Es weihnachtet sehr

Vergessen Sie mal die roten Weihnachtsmänner und die bunten Kugeln und überlassen Sie es dem silberfarbenen Rentier, festliche Weihnachtsstimmung zu zaubern. Diese ganz in kühlen Farben gehaltene Eisenetagere wird in jedem Wohnraum einen attraktiven Blickfang darstellen.

1. Trennen Sie von dem Tannenzweig einzelne kleine Triebe ab und legen Sie mit diesen sowie mit dem Federband die obere Schale der Etagere aus.

2. In der unteren Schale bildet das Organzatuch die zarte Unterlage für Kugel und Stern, die hier wirkungsvoll in Szene gesetzt sind.

3. Die zweilagige Schleife aus dem Sternenband und dem Girlandenstück ist einfach zu binden – wie das geht, können Sie auf Seite 12 im Anleitungsteil nachlesen. Die Enden der Girlande werden hier nach hinten genommen und halten so die Schleife zusammen.

4. Zuletzt findet das Rentier seinen Platz im Federbett. Falls es nicht standfest sein sollte, können Sie die Füße mit Draht an der Schale fixieren.

TIPP: *Wenn Sie es doch nicht ganz so puristisch mögen, dann lässt sich dieses Geschenk leicht umgestalten oder ergänzen. Kaufen Sie z. B. auf dem Weihnachtsmarkt einen Bund frischer Misteln und befestigen Sie einzelne Zweige mit dünnem Draht oder kleinen Schleifen am Gestänge der Etagere. Oder Sie verzichten auf die Glaskugel, legen die untere Schale mit Tannenzweigen oder Stoff aus und füllen sie danach mit Plätzchen.*

Etagere: ca. 45,– DM
Inhalt: ca. 45,– DM

Eisenetagere, zweistöckig
Ø 25 cm, Höhe 45 cm

Inhalt:

- 1 Rentier aus Weidengeflecht, silberfarben
- 1 große Glaskugel, weiß, Form nach Wahl
- 1 Stern aus Weidengeflecht, weiß

Dekoration:

- 1 kleiner Tannenzweig
- 1 Tischdecke, Organza, weiß, 50 cm x 50 cm
- 30 cm Federband, weiß
- 70 cm Taftband, weiß mit Sternen, 4 cm breit
- 20 cm Blattgirlande auf Draht, grün

be happy

Geschenkkörbe für die Höhepunkte im Leben

Ob Geburt, Geburtstag oder „diverse" Hochzeiten – Höhepunkte im Leben gibt es zum Glück viele. Die klassische Frage, die sich bei diesen Gelegenheiten allerdings immer wieder stellt, lautet: Was soll ich nur schenken? Mit den folgenden Vorschlägen sind Sie für jeden Anlass bestens vorbereitet.

Badeglück zu zweit

Runder Korb mit Eiseneinfassung
Ø 30 cm, Höhe 10 cm

Inhalt:

3 kleine Handtücher, türkisfarben
3 kleine Handtücher, weiß
1 Waschtuff
1 Herzseife
2 Piccolos
6 Herzdosen, transparent
je eine Hand voll Lavendelblüten, Rosmarin, Pfefferminze, Beinwell, Thymian und Rosenblätter

Dekoration:

1 Chiffontuch, hellblau
1 Sträußchen Lavendel
1,5 m dünnes Schleifenband, türkisfarben

Welche wundersamen Mittelchen mögen sich wohl in diesen Herzen verbergen, die dem Hochzeitspaar ein gemeinsames, beglückendes Bad versprechen? Duftende Kräuter und Rosenblätter, die mit kochendem Wasser aufgegossen werden, ergeben einen herrlich belebenden Badezusatz für romantische Erlebnisse zu zweit.

1. Rollen Sie die kleinen Handtücher eng zusammen und stellen Sie sie in den hinteren Teil des Korbes. Die Handtücher in Türkis sind dabei für „ihn" gedacht, die weißen für „sie".

2. Nun füllen Sie die Kräuter und die Rosenblätter jeweils in eine Herzdose und binden diese mit Schleifen aus dem dünnen, türkisfarbenen Band zu.

3. Legen Sie die Herzen auf die zusammengerollten Handtücher. Im vorderen Teil des Korbs drapieren Sie das Chiffontuch und fügen die beiden Piccolos, die Seife sowie den Waschtuff hinzu.

4. Das getrocknete Lavendelsträußchen bildet den duftenden Abschluss Ihres Arrangements.

TIPP: *Am Tag nach dem großen Fest dürfte diese stimulierende Mischung genau das Richtige sein: zwei Hände voll Rosmarin, je eine Hand voll Pfefferminze und Rosenblättern, mit kochendem Wasser aufgebrüht, machen müde Männer garantiert wieder munter! Ein ebenfalls sinnliches Badevergnügen erleben Sie mit je einer Hand voll Melissenblätter und Rosmarin sowie einem Stück Zimtrinde. Zu einem starken Aufguss verkocht spenden die Zutaten wahre Badewonnen.*

Korb: ca. 35,– DM
Inhalt: ca. 85,– DM

be
happy

Zur Vermählung

Mit diesem zart duftenden Korbarrangement bringen Sie Ihre Glückwünsche auf sehr charmante Weise zum Ausdruck. Der Efeu symbolisiert mit seinen immergrünen Blättern die Dauerhaftigkeit dieser Beziehung. Was kann man einem Brautpaar Schöneres wünschen?

Weißer Korb mit Eisenfuß
35 cm x 25 cm x 20 cm

Inhalt:

1 Perlenwindlicht, weiß
1 Holzbilderrahmen, weiß
1 Perlenquaste, silbrig weiß
1 Tüllherz mit getrockneten Rosen

Dekoration:

1 m Seidenstoff, hellgrau
1 Drahtherz
2 Efeuranken
2 m Blumendraht
1 m Schleifenband in Tüll, weiß, 8 cm breit
50 cm Schleifenband, weiß, mit gekurbeltem Rand, 5 cm breit
4 Perlenschnüre, weiß
1 Päckchen Potpourri, weiß
1 Rose in Apricot

1. Füllen Sie die untere Hälfte des Korbes mit Papier und legen Sie den Seidenstoff locker darüber. Dann winden Sie den Efeu um das Drahtherz und fixieren die Ranken an wenigen Stellen mit dünnem Blumendraht.

2. Die mehrlagige Schleife binden Sie entsprechend den Angaben auf Seite 12. Die Perlenschnüre wickeln Sie mit einem Ende um den Knoten der Schleife und befestigen das Ganze mit den Drahtenden der Schnüre seitlich am Efeuherz.

3. Damit das Kunstwerk beim Transport nicht zusammenfällt, ist nun Ihr Sinn für Statik gefragt. Stellen Sie das Efeuherz leicht über Eck in den Korb und befestigen Sie es unsichtbar mit Draht.

4. Jetzt arrangieren Sie noch die kleinen Geschenke im Korb. In dem Bilderrahmen können Sie z. B. ein Bild des Pärchens unterbringen oder einen schnöden Geldschein mitsamt Glückwunsch verstecken. – Die Rose stecken Sie erst kurz vor der Übergabe dazwischen.

TIPP: *Auch ein üppiger Strauß roter Rosen sieht in diesem Korb wundervoll aus. Vielleicht sollten Sie diesen Tipp an den Bräutigam weitergeben – Stichwort: erster Hochzeitstag! – Glückwünsche können Sie übrigens auch mit einem Silberstift auf die Efeublätter schreiben.*

Korb: ca. 40,– DM
Inhalt: ca. 60,– DM

Familienzuwachs

Blauer Korb mit Henkeln
40 cm x 30 cm x 12 cm

Inhalt:

1 Babyshirt und -höschen, beides in Gr. 56 oder 62
1 Lätzchen
1 Paar Babysöckchen
1 Babybürste und -kamm
1 Wärmflasche
1 Schnuller
1 Beißring
1 Schmusetier
1 Flaschenbürste
1 Handtuch, hellgrün

Dekoration:

je 50 cm Gitterband, blau und hellgrün, 9 cm breit
40 cm Schleifenband, gelb mit Punkten, 5 cm breit
20 cm dünnes Seidenbändchen, gelb
1 kleiner Hampelmann

Nun ist er endlich da, der kleine Schatz – und blickt mit großen Augen in die weite Welt. Noch größere Augen werden er und seine Eltern allerdings machen, wenn sie entdecken, was für eine liebevoll zusammengestellte Babyerstausstattung Ihr Geschenkkorb enthält. Willkommen im Leben!

1. Polstern Sie den Korb mit etwas zerknülltem Seidenpapier aus. Das Handtuch legen Sie darüber. Wenn Sie etwas großzügiger sein wollen, können auch mehrere Handtücher als Unterlage dienen.

2. Beginnen Sie bei der Anordnung des Inhalts mit der Wärmflasche. Oberteil und Höschen falten Sie zusammen und legen beides vorne in den Korb. Alle weiteren Gaben verteilen Sie locker darüber.

3. Einfach zum Knuddeln: Lassen Sie das Schmusetier vorwitzig vorne über den Korbrand hinausschauen.

4. Die dreilagige Schleife arbeiten Sie aus den unterschiedlichen Bändern, wie in der Einleitung auf Seite 12 erläutert. Ihr fertiges Werk befestigen Sie dann zusammen mit dem kleinen Hampelmann mittels des dünnen Bandes an einem der Korbhenkel.

TIPP: *Es gibt natürlich viele Möglichkeiten, einen Babyerstausstattung-Korb zu bestücken. Vielleicht können Sie ja unauffällig in Erfahrung bringen, was Eltern und Baby besonders gut gebrauchen können. So könnten ein Mützchen, eine kleine Schlafdecke oder Pflegeprodukte Teil des Inhalts sein.*

Korb: ca. 40,– DM
Inhalt: ca. 60,– DM

Für die junge Mutter

Der Rücken und die Füße schmerzen – welche frisch gebackene Mutter kennt das nicht? Ein entspannendes Bad wäre jetzt genau das Richtige. In diesem Geschenkkorb befindet sich alles, was man für eine kleine Verschnauf- und Verwöhnpause braucht, um wieder zu Kräften zu kommen.

Korb mit Henkel
30 cm x 20 cm x 10 cm

Inhalt:

1 Fußmassageroller
1 Flasche Badesalz
1 Flasche Badeöl
1 Massagehandschuh
1 Massageschildkröte
1 Schwamm
1 Handtuch, hellblau
10 Badekugeln, gemischt

Dekoration:

Eine Dekoration ist in diesem Fall nicht unbedingt nötig, da der Inhalt bereits sehr schmückend ist.

1. Legen Sie das Handtuch zuunterst in den Korb. Eine Ecke davon darf getrost über den Rand heraushängen.
2. Beginnen Sie bei der Anordnung der Gegenstände mit dem Fußmassageroller. Stellen Sie ihn hochkant in den hinteren Teil des Korbes und arrangieren Sie dann die Flaschen mit dem Badesalz und dem Badeöl links davon.
3. Der Massagehandschuh und der Schwamm kommen im Vordergrund am besten zur Geltung. Die kleine Schildkröte setzen Sie zuletzt auf den Korbrand.
4. Die bunten Badekugeln werden einfach im Korb verteilt.

TIPP: *Eine ausgesprochen praktische und willkommene Ergänzung für diesen Korb wäre ein Gutschein: über eine Wellnessbehandlung, über einen Abend, an dem Sie Babysitter spielen, über einen Tag, an dem Sie der jungen Familie als Haushaltshilfe beistehen, über einen Bügelnachmittag oder einen Einkaufsvormittag. Jede junge Mutter – und wohl auch die dazugehörigen Väter – werden sich über eine kleine Entlastung dieser Art freuen.*

Korb: ca. 40,– DM
Inhalt: ca. 70,– DM

Ab 30 braucht Frau mehr

Blumenübertopf, aus weißem Holz, durchbrochen
15 cm x 15 cm x 18 cm

... Zeit, um wieder wie 20 auszusehen (sofern sie das möchte). Dieser Korb enthält die nötigen Produkte: ein erfrischendes Schaumbad, eine Gelbrille, um die Augen nach einem anstrengenden Tag wieder strahlen zu lassen und noch manch anderes Zaubermittel für die umfassende Schönheitspflege.

Inhalt:

1 Gelbrille
1 Flasche Badezusatz
1 Körperpuder
1 Puderquaste
diverse Schminkpinsel
1 Steckschwamm

Dekoration:

1,5 m Efeuranke, künstlich

1. Zuerst schneiden Sie den Steckschwamm so zu, dass er in den Blumenübertopf passt, und legen ihn hinein.

2. Die Gelbrille und der Badezusatz werden hochkant nach hinten in den Topf gestellt, Puder und Puderquaste kommen in die Mitte. Die Schminkpinsel stecken Sie leicht schräg in den Steckschwamm hinein.

3. Zuletzt wird die Efeuranke (es kann wie in diesem Fall auch eine künstliche sein) großzügig um die Gegenstände gewunden, sodass etwaige Zwischenräume und der Steckschwamm verdeckt werden.

4. Wenn Sie möchten, können Sie den Übertopf mit einer Schleife oder einer passenden Karte schmücken. Sehr apart sieht es auch aus, wenn Sie noch einige zarte Blümchen, wie Vergissmeinnicht oder Maiglöckchen, mit hineinstecken.

TIPP: *Auch für Männer, die die „magische" Grenze der 30 überschritten haben (und bereits über ihr Alter klagen), ist eine Verjüngungskur in Form eines Pflegekorbes ein ideales Geschenk. Für die maskuline Variante arrangieren Sie z. B. einen vitalisierenden Badezusatz, eine Feuchtigkeitscreme, eine Haarkur sowie ein Aftershave in einem rustikalen Eisenkorb.*

Übertopf: ca. 40,– DM
Inhalt: ca. 60,– DM

Forever
BLANC DE BLANCS
BRUT

Silberne Flitterwochen

Nach 25 Ehejahren noch immer verliebt wie am ersten Tag? Glücklicherweise gibt es noch genügend Menschen, auf die das zutrifft. Die besten Wünsche für das Silberhochzeitspaar werden mit diesem Geschenk liebevoll dargebracht. Etwas ganz Besonderes – für einen ganz besonderen Festtag.

1. Arrangieren Sie die Champagnerflasche mit den Gläsern auf dem Tablett.

2. Ein Vierteljahrhundert ist vergangen, seit das Paar sich das Jawort gegeben hat. Diese Zeit wird hier durch die Ziffern 2 und 5 in den Gläsern symbolisiert.

3. Der Stein mit der Aufschrift „Forever" kommt vorne auf das Tablett. Wenn Sie in der Geschenkboutique keinen beschrifteten Stein finden, greifen Sie zu einem glatten Flusskiesel, auf den Sie das Motto oder einen Glückwunsch für die Jubilare niederschreiben.

4. Nun schlingen Sie das Organzaband um das Tablett und binden die Enden zu einer Schleife. Ein Hauch von Silberglitter und ein paar seidene Rosenblätter runden das Arrangement ab und sorgen für Romantik.

Glastablett mit silbernem Metallgestell
35 cm x 25 cm

Inhalt:

1 Flasche Champagner
2 Champagnergläser

Dekoration:

Zahl 2 und 5 aus Metall
1 Stein mit der Aufschrift „Forever"
1,5 m Schleifenband, Organza, silber, 14 cm breit
Silberglitter
Rosenblätter aus Seide

TIPP: *Das Arrangement stellen Sie am besten erst vor Ort zusammen – Sie können ja zu Hause schon mal eine Probe machen, damit es hinterher schnell geht und auch nichts fehlt. Die Übergabe gerät besonders festlich, wenn einige Gäste eine Gasse bilden und silbernes Sternkonfetti streuen. Führen Sie die Jubilare dann unter funkelndem Sternenregen zum Geschenk.*

Tablett: ca. 40,– DM
Inhalt: ca. 110,– DM

Für „goldene" Genießer

Goldener Henkelkorb
40 cm x 25 cm

Inhalt:

1 Flasche Champagner
1 Packung Lachs
1 Packung Lachsschinken
1 Gläschen Kaviar
1 Dose Schnecken
10 Wachteleier
mehrere Blinis

Dekoration:

Tischdecke, golddurchwirkt, 90 cm x 90 cm
80 cm Schleifenband, golddurchwirkt, 10 cm breit
20 cm dünnes Goldbändchen
10 Schneckengehäuse

... ist dieser Geschenkkorb genau das Richtige! Zu diesem ganz besonderen Hochzeitstag darf es schon etwas Erlesenes sein – und mit einer Auswahl derartiger Delikatessen und einem guten Champagner wird das Paar den Tag auf prickelnde Weise genießen. Auf die nächsten gemeinsamen Jahre!

1. Eine sehr edle Unterlage bildet die golddurchwirkte, transparente Tischdecke. Drapieren Sie diese locker in den Korb, sodass eine Ecke vorne herausschaut.

2. Nun legen Sie die länglichen Teile wie die Champagnerflasche und den Lachs nach hinten, die kleineren wie etwa das Glas Kaviar und das Döschen mit Schnecken, kommen davor.

3. Anschließend verteilen Sie die Wachteleier und die Schneckengehäuse vorsichtig in der vorderen Korbhälfte.

4. Zum Schluss binden Sie die zweilagige Schleife entsprechend der Anleitung auf Seite 12 zusammen und befestigen sie mit dem dünnen Goldbändchen an der Flasche. Fertig ist Ihr festlich-lukullischer Geschenkkorb!

TIPP: *Die zerbrechlichen kleinen Wachteleier sollten Sie erst kurz vor der Geschenkübergabe in den Korb legen. – Runden Sie das Geschenk durch einen eleganten, festlichen Blumenstrauß ab, bestehend aus weißen, lachs- und apricotfarbenen Rosen. – Auf den Schneckengehäusen können Sie mit einem Goldstift Ihre Glückwünsche anbringen. Die Puzzlewörter muss das Paar dann in der richtigen Reihenfolge zusammenfügen.*

Korb: ca. 45,– DM
Inhalt: ca. 120,– DM

CHAMPAGNE
PERTOIS-LEBRUN
PROPRIETAIRE RECOLTANT
CRAMANT
(MARNE)
GRAND CRU

Korbideen – frech, witzig & charmant

Sie werden überrascht sein, wie viele Anlässe es gibt, zu denen man einen kreativ gestalteten Korb verschenken kann und welch unterschiedliche Gegenstände sich als „Korb“ eignen: vom Putzeimer über die Drahttüte bis hin zur multifunktionalen Klappkiste aus Kunststoff!

Für die liebe Freundin

Geflochtener Eisenkorb
35 cm x 25 cm x 10 cm

Inhalt:

1 Körperlotion
1 Duschgel
1 Badesalz
1 Badeschwamm
1 Luffaschwamm
1 Gesichtsbürste
1 Körperbürste
1 Springseil

Dekoration:

60 cm Schleifenband, bordeauxrot, 6 cm breit
60 cm Schleifenband, Organza, rostrot, 5 cm breit
60 cm Schleifenband, apricot, 5 cm breit
20 cm dünnes Satinband, bordeauxrot
1 Packung Bast, rostrot
1 Rose

Ein allzu kritischer Blick in den Spiegel: Speckröllchen auf den Hüften und scheinbar messertiefe Falten – Ihre Freundin befindet sich eindeutig in einer Krise. Aufmunternde Worte will sie nicht hören. Was tun? Gehen Sie die Sache einfach praktisch an – mit einem Wohlfühl-Korb, mit dem „frau" wieder in Schwung kommt!

1. Dieses harmonische Verwöhn-Arrangement kommt in einem flachen rundlichen Korb, besonders schön zur Geltung. Als Unterlage eignet sich ein rostroter Bast, der farblich mit dem Inhalt harmoniert.

2. Ordnen Sie die Gegenstände ihrer Größe nach an: Die länglichen Utensilien wie Körperlotion, Duschgel, Luffaschwamm und das Badesalz legen Sie fächerartig an den hinteren Korbrand, während die kleineren Gaben den Vordergrund schmücken.

3. Zur Dekoration binden Sie eine dreilagige Schleife (Tipps auf Seite 12) und befestigen sie mit dem dünnen Satinband am vorderen Rand der Eisenschale.

4. Den Stiel der Rose kürzen Sie auf ca. 5 cm Länge und stecken die Blume zusammen mit einem Blättchen als Farbtupfer in die Mitte.

TIPP: *Nehmen Sie sich ein bisschen Zeit für Ihre Freundin. Ein ausgiebiger Plausch kann Wunder wirken. – Besser als sich dem Frust im stillen Kämmerchen hinzugeben, ist es, unter Menschen zu gehen oder sich verwöhnen zu lassen: Legen Sie dem Wohlfühl-Korb doch einfach eine (oder zwei) Kinokarte(n), einen Gutschein für eine Massage oder für einen Frisörbesuch bei.*

Korb: ca. 40,– DM
Inhalt: ca. 50,– DM

THE NATURE SHOP
Bath Oil
Pfirsich /Peach
THE NATURE SHOP
Body Lotion
Pfirsich & Jojoba
Peach & Jojoba
THE NATURE SHOP
Sea Bath Salt
Pfirsich & Jojoba
Peach & Jojoba

Genesungswünsche

Es wäre so schön gewesen – doch aus der Traum: Der Winterurlaub endete diesmal mit einem Gipsbein. Jetzt sitzt der arme Unglücksrabe zu Hause und hadert mit seinem Schicksal. Muntern Sie ihn mit diesem kunterbunten Korb ein wenig auf.

Grüner Korb mit blauem Henkel
30 cm x 25 cm x 12 cm

Inhalt:

1 Socke, so groß wie möglich
Orangen
Mandarinen
Nüsse
1 Kreuzworträtselheft
10 Filzstifte, farbig sortiert

Dekoration:

50 cm Gipsbinde, 10 cm breit

1. Mit einem Gipsbein braucht der oder die Unglückliche unbedingt eine Riesensocke, damit die freien Zehen nicht frieren. Füllen Sie die Socke mit Orangen, Mandarinen und Nüssen.

2. Platzieren Sie die Socke mit der Ferse nach unten in der Korbmitte. Das Kreuzworträtselheft stecken Sie zusammengerollt dahinter. Mit dem restlichen Obst und den Nüssen füllen Sie den Korb dann großzügig auf.

3. Nun müssen Sie nur noch die Filzstifte dazwischen verteilen. Der Patient hat jetzt viel Zeit, sein Allgemeinwissen unter Beweis zu stellen und seine künstlerischen Talente auf dem Gipsbein zu erproben.

4. Zum Schluss basteln Sie aus einer Gipsbinde eine Schleife. Auch wenn dieses Material ungewöhnlich ist – die Schleife wird gebunden wie jede andere auch (Tipps auf Seite 12).

TIPP: *Wenn Sie eine begabte Strickerin sind, ist eine selbst gefertigte Riesensocke natürlich ein besonders schönes Geschenk. Sie sollten allerdings nicht zu lange zum Stricken brauchen, sonst ist das Bein schneller geheilt als Ihre Socke gestrickt! Ansonsten kaufen Sie einfach ein Paar in Größe XXL – so bleibt dem Gipsbeinträger noch eine zweite Socke zum Wechseln.*

Korb: ca. 40,– DM
Inhalt: ca. 30,– DM

Für Handarbeitsmuffel

Holzkiste mit Deckel
25 cm x 20 cm x 9 cm

Inhalt:

Zwirn und Nähgarn in verschiedenen Farben
3 Päckchen Hemdknöpfe
2 Päckchen Druckknöpfe
1 Nähschere
1 Maßband
1 Paket Saumvlies
je 1 Päckchen Steck-, Näh- und Sicherheitsnadeln
1 Herzflicken
1 Jeansflicken
1 Fingerhut
1 Nadelkissen in Herzform
1 m grober Stoff, weiß

„Ich wollte den Knopf ja schon längst annähen, aber ich hatte kein passendes Garn" – nur eine von 100 Ausreden aller Unwilligen, die mit Nähen, Stopfen und Flicken nichts anfangen können. An der fehlenden Ausrüstung kann es mit diesem Geschenkkistchen künftig nicht mehr liegen, wenn das Outfit kleine Makel aufweist!

1. Falten Sie den Stoff und legen Sie ihn zuunterst in die Kiste, denn auf ihm lassen sich die Nähutensilien bestens präsentieren.

2. Der kleinteilige Inhalt sollte nun dekorativ in der Kiste verteilt werden. Damit kein kunterbuntes Durcheinander entsteht, fächern Sie den verschiedenfarbigen Zwirn in einer Linie auf und platzieren ihn im Vordergrund. Auch die Garnrollen kommen als Gruppe am besten zur Geltung.

3. Bringen Sie das Herzkissen für die Stecknadeln mit doppelseitigem Klebeband außen an dem Kästchen an. Auf diese Weise bekommt das Ganze eine liebevolle Note. Der leise Wink mit dem Zaunpfahl, als den der widerspenstige Handarbeitsmuffel dieses Geschenk verstehen soll, kommt so mit Sicherheit gut an.

TIPP: *Das herzförmige Nadelkissen können Sie im Handumdrehen aus einem Filzrest und etwas Sticktwist ganz einfach selbst herstellen. Schneiden Sie dazu zwei identische Herzformen aus und nähen Sie sie mit Sticktwist zusammen. Bevor Sie die Naht schließen, füllen Sie durch die letzte Lücke das Herzchen mit Watte. Als Schleife passt ein rotes Band gut dazu.*

Kiste: ca. 30,– DM
Inhalt: ca. 50,– DM

Gegen Wintermelancholie

Die Tage werden kürzer und dunkler. Draußen tobt ein Schneesturm. Trübe Gedanken machen sich breit – doch die können vertrieben werden: Dieses Arrangement, das warmes Licht spendet und den Duft von Rosen verströmt, ist Balsam für die Seele.

1. Damit die Kerze nicht im Korb versinkt, müssen Sie diesen, je nach Größe, etwas mit Papier unterfüttern.

2. Anschließend können Sie die Kerze hineinsetzen und die seidenen Rosenblätter sowie die getrockneten Rosenköpfe um die Kerze herumstreuen.

3. Legen Sie nun die Dochtschere etwas schräg an den Korbrand.

4. Die dreilagige Schleife binden Sie wie auf Seite 12 beschrieben. Die Enden der Bänder kürzen Sie mit einer Zackenschere auf die richtige Länge.

5. Mit dem Rest des pinkfarbenen Bandes binden Sie nun noch den dekorativen Kerzenlöscher an die Schleife und schmücken damit den Korb.

TIPP: *Es gibt zahlreiche Möglichkeiten, Kerzen auf dekorative Art und Weise zu verschenken. So könnte diese Kerze auch in einem Bett aus Moos oder Engelshaar liegen. Oder aber Sie bündeln mehrere lange dünne Kerzen mit einem Schleifenband und stellen sie in einen hohen, schmalen Korb. Sehr apart wirkt auch ein Blumenbouquet mit einzelnen Kerzen, die in den Strauß eingebunden werden. Bringen Sie Ihre Kreativität zum „Leuchten"!*

Korb: ca. 30,– DM
Inhalt: ca. 45,– DM

Runder Weidenkorb mit Fuß
Ø 35 cm, Höhe 25 cm

Inhalt:

1 Kerze, Ø 20 cm, Höhe 18 cm, mit 3 oder 4 Dochten
1 Dochtschere, Messing
1 Kerzenlöscher

Dekoration:

Rosenblätter aus Seide
100 g Rosenblüten und -knospen, getrocknet
60 cm Schleifenband, gold, 10 cm breit
50 cm Schleifenband, pinkfarben, 8 cm breit
50 cm Schleifenband, kariert, 6 cm breit
20 cm dünnes Bastband, pinkfarben

Kleine Liebeserklärung

Roter Korb
40 cm x 30 cm x 15 cm

Inhalt:

2 Rosenstöckchen, rot

Dekoration:

1 Herzluftballon, rot
1 Ballonstab
1 Rolle Krepppapier, grün
60 cm Seidenband, dunkelrot, 12 cm breit
60 cm Seidenband, pinkfarben, 12 cm breit
20 cm dünne Kordel, pinkfarben
1 Karte mit Rosenmotiv

Wer sagt, dass Liebesgrüße der klassischen Art nicht mehr trendy sind? Mal ehrlich, meine Damen und Herren, wer von uns könnte bei diesem wunderschönen Geschenk zum Korb bzw. dem/der Überbringer(in) „Nein" sagen? Rote Rosen, wohin man sieht – wer dieses Präsent bekommt, kann sicher sein: Love is in the air!

1. Falls die Erde in den Blumentöpfen sehr feucht ist, decken Sie den Korbboden mit Plastikfolie ab. Danach legen Sie den Korb mit dem grünen Krepppapier aus. Dieses sollte ein paar Zentimeter über den Korbrand hinausreichen.

2. Stellen Sie die beiden Rosenstöckchen vorsichtig in den Korb. Falls notwendig, können Sie die Blumentöpfe mit dem Krepppapier kaschieren oder Zwischenräume ausstopfen.

3. Pusten Sie jetzt den Luftballon auf und befestigen Sie ihn mit einem Stück Zwirn an dem Stab. Dann binden Sie die zweilagige Schleife (Tipps auf Seite 12) und bringen sie mit der dünnen Kordel direkt unterhalb des Luftballons am Stab an.

4. Stecken Sie den Stab mit Luftballon und Schleife nach hinten in den Korb. Jetzt fehlt nur noch die Rosenkarte mit Ihrer ganz persönlichen Liebeserklärung – Vive l'amour!

TIPP: *Rot ist zwar die Farbe der Liebe, aber auch mit einem Korb in Lila, bestückt mit Hortensien oder Flieder, können Sie dem geliebten Menschen auf charmante Weise ein wunderschönes Geschenk machen. – Oder wie wäre es mit einer Kreation in Gelb mit lauter Sonnenblumen? – Die edle Variante: ein weißer oder silberner Korb mit duftenden, weißen Lilien.*

Korb: ca. 55,– DM
Inhalt: ca. 60,– DM

Gegen Liebeskummer

Es schien die große Liebe zu sein – doch dann war plötzlich alles aus. Ihre beste Freundin hat mal wieder kein Glück mit Männern. Wie wäre es mit diesem Trost-Korb? Taschentücher für die Tränen, Schokolade für die Laune und ein süßer Frosch – nach dem Motto: „Man muss viele Frösche küssen, bis man einen Prinzen findet."

Runder Korb mit Fuß
∅ 22 cm, Höhe 18 cm

Inhalt:

7 Stofftaschentücher
4 Tafeln Schokolade
400 g gemischte Trüffelpralinen

Dekoration:

1 Gummifrosch

1. Legen Sie als Erstes die so dringend benötigten Taschentücher in den Korb. Dabei sollte jeweils eine größere Ecke über den Rand hängen.

2. Die Schokolade kommt ohne störende Verpackung sicherlich besser zur Geltung. Wenn Sie allerdings hygienische Bedenken haben, besorgen Sie sich einfach transparente Zellophantütchen. Die Schokoladentafeln stecken Sie hochkant wie abgebildet nach hinten in das Körbchen.

3. Füllen Sie nun das Ganze mit den Trüffelpralinen auf. (Finger weg! Die sind für Ihre Freundin bestimmt!) Der Frosch thront oben auf den Pralinees und wartet nur noch darauf, endlich geküsst zu werden.

TIPP: *Fügen Sie Ihrem „Erste-Hilfe-Korb" am besten eine Karte mit dem Prinzen-Spruch bei – Sie werden sehen, Ihre Freundin kann doch noch lachen! Dann packen Sie sie ein und gehen mit ihr ins Kino (diesmal sollte es besser kein Liebesfilm sein) oder Sie unternehmen mit ihr einen Spaziergang an der frischen Luft.*

Korb: ca. 20,– DM
Inhalt: ca. 35,– DM

Auf gute Nachbarschaft

Eisenkorb
Ø 30 cm, Höhe 18 cm

Inhalt:

1 rundes Brot
1 Geschirrtuch
1 Schlüssel
Geldstücke verschiedener Währungen
1 Schälchen, Ø ca. 4 cm
Salz

Dekoration:

1 Bogen Tonpapier, blau
30 cm dünne Kordel, silber farben

In diesem Eisenkorb befindet sich alles, was zu einer Haus- oder Wohnungseinweihung gehört: Brot, Salz und Geld, denn diese Dinge dürfen nie ausgehen, und natürlich der Schlüssel zum Glück im neuen Heim. Nur nicht verlieren! Mit diesen guten Wünschen fühlen sich Ihre Nachbarn sicher willkommen.

1. Legen Sie zuerst das Geschirrtuch und dann ein in der Größe passendes Brot in den runden Eisenkorb.

2. Schneiden Sie nun mit einem scharfen Messer aus der Mitte des Brotlaibs ein kreisförmiges Stück heraus, das dem Durchmesser des Schälchenbodens entspricht. Anschließend stellen Sie das Schälchen in die Vertiefung und füllen das Salz hinein.

3. Schneiden Sie aus dem blauen Tonpapier ein kleines Haus aus und binden Sie es als Anhänger an den Schlüssel. Sie können darauf auch Ihre guten Wünsche anbringen.

4. Zuletzt kleben Sie noch die Münzen mit doppelseitigem Klebeband auf den Rand des Korbes. Sollten Sie keine ausländischen Münzen haben, verzieren Sie den Rand mit Pfennigen.

TIPP: *Verwöhnen Sie die neuen Nachbarn doch mit selbst gebackenem Brot. Die Frage nach Ihrem Rezept kommt sicher von selbst – und schon ist die erste Verbindung geknüpft. – Es muss natürlich nicht echtes Geld sein, das den Korbrand schmückt. Wenn Ihre Nachbarn Kinder haben, kommen in Goldfolie verpackte Schokoladenmünzen sicher hervorragend an.*

Korb: ca. 40,– DM
Inhalt: ca. 20,– DM

Selbst ist der Mann!

Auch ein Junggeselle sollte seine Wohnung ab und zu einmal putzen. Dem steht jetzt nichts mehr im Wege, denn dieser Eimer enthält alles dazu Nötige – und mit den Haifischwäscheklammern hängt „mann" bestimmt gerne die frisch gewaschenen Socken auf.

Blauer Plastikeimer
∅ 27 cm, Höhe 35 cm

Inhalt:

1 Spülbürste, blau-gelb
1 Gemüsebürste, blau-gelb
4 Wischtücher, gelb
3 Schwämme
2 Topfkratzer
1 Wäscheleine, blau
1 Packung Haifischwäscheklammern, blau
1 Paar Putzhandschuhe, gelb
1 Staubwedel

1. Zuerst füllen Sie den Eimer bis zur Hälfte mit Zeitungspapier auf, dann legen Sie die Wischtücher obenauf.

2. Die witzigen Bürsten zum Spülen und Gemüseputzen finden an der einen Seite ihren Platz. Die Schwämme und die Topfkratzer füllen den verbleibenden Raum dekorativ aus.

3. Nun ist Geschicklichkeit gefragt, denn aus der Wäscheleine, den Gummihandschuhen und dem Staubwedel basteln Sie eine Schleife. Die Handschuhe werden dabei über Kreuz gelegt, einen Teil der Wäscheleine wickeln Sie ab. Mit dem Ende binden Sie die Schleife zusammen und stecken den Staubwedel einfach dazu.

4. Das originelle Dekor findet zum Schluss an dem herunterhängenden Henkel des Eimers seinen Platz. Die Haifischwäscheklammern beißen sich an der Wäscheleine fest und stecken als Verzierung an den gelben Wischtüchern.

TIPP: *Es steht Ihnen selbstverständlich frei, einige Putzmittel im Eimer zu verstecken. Im Übrigen: Es soll ja auch Junggesellinnen geben, die nicht wissen – oder nicht wissen wollen –, wie man einen Putzlappen benutzt!*

Eimer: ca. 8,– DM
Inhalt: ca. 30,– DM

Zum ersten Schultag

Kiste aus Kunststoff mit Fächern
Ø 25 cm, Höhe 8 cm

Inhalt:

3 Riesenstifte aus Naturholz
1 Packung Knete
1 Packung Wachsmalstifte
1 Maus aus Zuckerschaum

Dekoration:

1 Bogen Zellophan
25 cm Schleifenband, kariert
20 cm dünnes Band, orangefarben

... bekommt jedes Kind eine Schultüte – doch diese hier ist etwas ganz Besonderes. Die Riesenstifte aus Naturholz sind sicher nicht fürs Schulheft gedacht, sondern garantieren zusammen mit den Wachsmalkreiden sowie der Knete einen vergnüglichen Nachmittag. Und die bunte Kiste hilft dabei, Ordnung zu halten.

1. Packen Sie zuerst die Maus aus Zuckerschaum in das Zellophan ein.
2. Fertigen Sie nun aus dem bunt karierten Band eine einfache Schleife wie auf Seite 12 beschrieben. Mit dem übrigen orangefarbenen Bändchen schließen Sie die Zellophanverpackung der Maus und binden damit gleichzeitig die Schleife an.
3. Legen Sie nun zuerst die Riesenstifte und dann die Maus in die Plastikbox.
4. Nehmen Sie die bunte Knete und die Wachsmalstifte aus der Verpackung und füllen Sie damit diese „alternative Schultüte" auf. In der verdeckten Hälfte der Box können Sie z. B. noch Süßigkeiten unterbringen – Überraschung garantiert!

TIPP: *Natürlich könnte sich auch ein todschickes Federmäppchen in der Box verstecken oder etwas Startkapital zum Schulbeginn. Oder die so heiß ersehnte erste eigene Uhr. Aber Vorsicht! Wahrscheinlich hat der Erstklässler schon ein ganz bestimmtes Modell im Auge.*

Kiste: ca. 20,– DM
Inhalt: ca. 30,– DM

NEWS:

Zum Studienbeginn

Endlich ein Studienplatz und auch noch in der Lieblingsstadt. Das muss gefeiert werden! Als junger Student braucht man vor allem eines: Gute Nerven. Darum gehört hauptsächlich Brainfood in die Tüte sowie ein Taschenrechner, um festzustellen, wie stark das monatliche Budget noch strapaziert werden kann.

Drahttüte
20 cm x 12 cm x 40 cm

Inhalt:

1 Taschenrechner
1 Heftgerät in Haifischform
1 Packung verschiedenfarbiger Faser- oder Kugelschreiber
10 Leuchtstifte
Erdnüsse
abgepackte Traubenzuckertäfelchen

Dekoration:

1 Schreibtafel mit Schwämmchen als Grußkarte

1. Als Unterfütterung für diese „Schultüte für Große“ füllen Sie einige Erdnüsse in die Drahttüte. Darauf kommt dann der Traubenzucker, der die Energiezufuhr sicherstellt.

2. Die Schreibstifte stellen Sie in ihrer Verpackung in die Tüte. Die Leuchtstifte schnüren Sie erst mit einem gelben Bändchen zu einem Bündel und legen sie dazu. Der Taschenrechner findet weiter hinten seinen Platz.

3. Nun müssen Sie nur noch die Tafel mit ein paar Glückwünschen oder aufmunternden Worten beschriften und den Haifisch über Eck auf die Drahttüte setzen. Damit er nicht herunterfällt, können Sie ihn mit dünnem Faden festnähen.

TIPP: *Die Tüte zum Studienanfang lässt sich wunderbar entsprechend dem Studienfach variieren. Wie wäre es, wenn Sie dem angehenden Tierarzt Zuckermäuse in die Tüte füllen oder der zukünftigen Zahnärztin einige Zahnpastatuben. Der Student der Meeresbiologie erhält Delfine aus Weingummi und der Sportstudent Tennislutscher (in den Süßwarenabteilungen der großen Kaufhäuser gibt es beinahe nichts, was es nicht gibt).*

Drahttüte: *ca. 10,– DM*
Inhalt: *ca. 45,– DM*

Gute Fahrt!

Faltkiste
60 cm x 40 cm x 25 cm

Inhalt:

1 Wolldecke fürs Auto
1 Warndreieck
1 Abschleppseil
1 Parkscheibe
1 Lederschwamm

Dekoration:

1 Gummibaum

Nach 66 Fahrstunden endlich den Führerschein in der Hand. Jetzt müssen die Alleen zur Sicherheit nur noch mit Gummibäumen bepflanzt werden und dann steht den Ausflügen nichts mehr im Wege. Den ersten Baum dieser Gattung findet der „Anfänger" gleich in dieser praktischen Kiste.

1. Das Wichtigste zuerst: Stellen Sie den Gummibaum in die rechte hintere Ecke.

2. Das aufgeklappte Warndreieck kommt vor den Baum. Jetzt legen Sie die Decke so in die Kiste, dass eine Ecke locker über den Rand hängt.

3. Die Wolldecke bildet die Unterlage für den Lederschwamm, der für gute Sicht sorgen soll. Das farbenfrohe Abschleppseil lockert das Kistenarrangement etwas auf, wenn Sie es über den Rand heraushängen lassen.

4. Zum Schluss platzieren Sie noch die Parkscheibe im hinteren Teil der Kiste oder befestigen sie mit etwas Klebeknete am Rand. Mit dieser Ausrüstung kann fast nichts mehr schief gehen. Toi, toi, toi ...

TIPP: *Die Kiste selbst gehört übrigens zu den praktischsten Dingen im Kofferraum: Man kann sie flach zusammenlegen und ist damit immer für Einkäufe jeglicher Art gerüstet. – Sie soll noch voller werden? Wie wäre es mit der obligatorischen Toilettenrolle, dem (Pflicht-)Verbandskasten, den Schneeketten oder einem Eiskratzer?*

Kiste: ca. 15,– DM
Inhalt: ca. 80,– DM

ANKUNFTSZEIT
4 5 6
P

Zum neuen Job

Es hat geklappt! Endlich hat er/sie seinen/ihren lang ersehnten Jobwechsel vollzogen – vielleicht ein weiterer Schritt auf der Karriereleiter. Dieser Korb enthält praktisches und auch ausgefallenes Büromaterial sowie „Überlebensfutter" – wenn mal wieder viele Überstunden angesagt sind.

1. Das Druckerpapier kommt nach hinten, denn die anderen Utensilien heben sich davor gut ab. Wenn Sie wollen, können Sie auch farbiges Papier verwenden.

2. Stellen Sie nun das Mousepad davor. Die Fische beginnen übrigens bei Benutzung unter der Oberfläche umherzuschwimmen.

3. Die farbigen Notizzettel legen Sie gestapelt auf den Boden der Tüte und die gelben „Post-it" obenauf.

4. Die Tüte mit dem Studentenfutter – Nervennahrung und Beruhigungsmittel für knurrende Mägen – stellen Sie nun auf die Notizzettel, ebenso die CD-Rohlinge. Diese gibt es im Übrigen auch in den unterschiedlichsten Farben zu kaufen.

5. Zum Schluss hängen Sie den Handyhalter an einen Henkel der Tüte. Als kleinen Gag stellen Sie dort noch ein Plastik- oder Schokoladenhandy hinein.

TIPP: *Der Freund/die Freundin liegt Ihnen besonders am Herzen, und nichts ist Ihnen zu teuer? Dann ersetzen Sie das Plastikhandy doch durch ein echtes (falls er/sie wirklich noch keines haben sollte)!*

Eisentüte: ca. 45,– DM
Inhalt: ca. 60,– DM

Eisentüte mit Henkeln
25 cm x 15 cm x 30 cm

Inhalt:

1 Stoß Druckerpapier
1 Mousepad (mit besonderem Motiv)
2 CD-Rohlinge
verschiedenfarbige Notizzettel
1 Päckchen „Post-it"
1 Tüte Studentenfutter
1 Handyhalter

Dekoration:

1 Plastik- oder Schokoladenhandy

Bezugsquellen

Körbe:
Körbe und Behältnisse aus Kunststoff, Draht und anderen ungewöhnlichen Materialien finden Sie in jedem Kaufhaus in der Haushalts- oder Geschenkabteilung. Schauen Sie sich auch in den entsprechenden Bereichen von Möbelhäusern um. Besonders schöne Exemplare können Sie über Korbflechtereien beziehen oder auf Märkten, in Asien- und Dritte-Welt-Läden, Geschenkboutiquen oder auch in Geschäften für exklusives Wohnaccessoire kaufen. Dort werden Sie mit Sicherheit auch auf zahlreiche Geschenke, die als „Füllmaterial" geeignet sind, und auf besonderes Dekomaterial stoßen.

Dekoartikel:
Neben Läden, die auf Dekorationsmaterial oder Bastlerbedarf spezialisiert sind, können Sie in jedem Warenhaus in den unterschiedlichsten Abteilungen fündig werden. Auch Schreibwaren- oder Kurzwarengeschäfte, die Bänder und Borten in vielen Farben, Materialien und Größen anbieten, sollten Sie nicht außer Acht lassen. Eine wahre Fundgrube sind zudem Geschenkboutiquen und die entsprechenden Abteilungen in großen Möbelhäusern.

Schön verpackte Lebensmittel und Spezialitäten aus kontrolliert biologischem Anbau sowie Haushaltsartikel, gefertigt nach ökologischen Richtlinien, können Sie bei der Firma *Grüne Erde* beziehen.

Grüne Erde
Deutschland:
Innstraße 51
D-84353 Simbach/Inn
Tel. 08571/91030
Fax 08571/6383

Österreich:
Mühldorf 12
A-4644 Scharnstein
Tel. 07615/203410
Fax 07615/7707

Bücher für Geschenkkörbe

Wenn es etwas mehr kosten darf, können Sie mit einem thematisch passenden Buch Ihren Geschenkkorb abrunden. Folgende Bücher aus dem Mosaik-Verlag eignen sich gut für die vorgestellten Körbe.

Körbe für Hobbyköche, Feinschmecker und Genießer

Grüße aus Griechenland:
Witzigmanns Kreta-Kochbuch von Eckart Witzigmann, 160 Seiten, 49,90 DM

Genießen auf Italienisch:
Cucina & Musica – Pasta & Opera von Antonio Carluccio, 96 Seiten, 49,90 DM

Afrikanischer Kaffeegenuss:
Kaffee: Nicht die Bohne ungesund von Anita Heßmann-Kosaris, 128 Seiten, 24,90 DM

China kocht:
Vegetarisches aus dem Wok von Elisabeth Fischer, 96 Seiten, 19,90 DM

Japanische Kochkunst:
Asien kulinarisch, 160 Seiten, 58,- DM

Wie Koch in Frankreich:
Cucina & Musica – Paris (plus CD) von Christoph Wagner, 96 Seiten, 49,90 DM

Der Ducasse von Alain Ducasse und Linda Dannenberg, 256 Seiten, 98 DM

Bayrische Brotzeit:
König Ludwig von Christine Stecher, 128 Seiten, 19,90 DM

Biomäßig gesund:
Brotaufstriche mit Pfiff von Marianne J. Voelk, 96 Seiten, 19,90 DM

Körbe für Hobby, Freizeit und Sport

Der Berg ruft:
Steinbachs Naturführer Wildblumen, 192 Seiten, 24,90 DM

Barbecue – mal anders:
Raffinierte Salate, 96 Seiten, 19,90 DM

Jahreszeitengrüße

Frühlingserwachen:
Spargellust und Erdbeerwonne, 96 Seiten, 19,90 DM

Gemüsegrüße:
Aufläufe mit Gemüse, 96 Seiten, 19,90 DM

Apfelzeit:
Brandts Apfellust von Eckart Brandt, 128 Seiten, 39,90 DM

Wenn es kalt wird:
Mir geht's gut bei jedem Wetter von Norbert Treutwein, 176 Seiten, 24,90 DM

Es weihnachtet sehr:
Zauberhafte Weihnachtszeit, 96 Seiten, 29,90 DM

Geschenkkörbe für die Höhepunkte im Leben

Zur Vermählung:
Feng Shui für Partnerschaft und Liebe von Eckart Warnecke, 128 Seiten, 29,90 DM
Cucina & Musica – Romantische Menüs für Verliebte (plus CD) von Anton Edelmann, 96 Seiten, 49,90 DM

Familienzuwachs:
Babytagebuch, 64 Seiten, 24,90 DM
Babymassage von Peter Walker, 96 Seiten, 19,90 DM
Dr. Mama! von Cornelia Nitsch, 320 Seiten, 29,90 DM
Besser ein- und durchschlafen für Babys und Kleinkinder von Heather Welford, 112 Seiten, 24,90 DM
Natürlich kochen für Babys und Kleinkinder von Elisabeth Fischer, 128 Seiten, 29,90 DM
Mensch Papa! von Kester Schlenz, 240 Seiten, 29,90 DM
Das Baby-Buch für neue Väter von Lothar Beyer, 96 Seiten, 19,90 DM
Körpersprache der Kinder von Samy Molcho, 192 Seiten, 29,90 DM

Für die junge Mutter:
Die Wohlfühl-Massage von Karen Smith, 160 Seiten, 39,90 DM

Ab 30 braucht Frau mehr:
Rezeptbuch Männer – 20 scharfe Typen von Sissi Baumann, 160 Seiten, 29,90 DM

Silberne Flitterwochen:
wie **Für „goldene" Genießer**

Für „goldene" Genießer:
Der große Bertelsmann Restaurant & Hotel Guide 2001, 1888 Seiten, 49,90 DM
Deutschlands junge Spitzenköche, 240 Seiten, 49,90 DM

Korbideen – frech, witzig & charmant

Für die liebe Freundin:
Schlank und schön mit Pilates von Brooke Siler, 160 Seiten, 29,90 DM
Pilates Workout von Lynne Robinson und Gordon Thomas, 128 Seiten, 29,90 DM

Gegen Wintermelancholie:
Faulheit ist das halbe Leben von Dr. Inge Hofmann, 198 Seiten, 29,90 DM
Goethes Lebenselixiere: Gute Gedanken für jeden Tag, 128 Seiten, 19,90 DM

Kleine Liebeserklärung:
Von Abschied bis Zärtlichkeit (Die schönsten Liebesgedichte zum Spicken!), 128 Seiten, 19,90 DM

Gegen Liebeskummer:
Bei Liebeskummer Apfelmus von Janosch, 48 Seiten, 22,- DM

Selbst ist der Mann:
Mann kocht selbst von Christoph Wagner, 128 Seiten, 19,90 DM

Zum ersten Schultag:
Wie der Tiger lesen lernt von Janosch, 40 Seiten, 22,- DM
Große Tigerschule von Janosch, 80 Seiten, 15,- DM

Zum Studienbeginn:
Brainfood: Fitmacher für kluge Köpfe von Prof. Dr. Michael Hamm, 96 Seiten, 19,90 DM

Zum neuen Job:
Feng Shui für Beruf und Karriere von Thomas Fröhling und Katrin Martin, 128 Seiten, 29,90 DM

Bildnachweis:
Alle Fotos inklusive Umschlagfotos: Annette Hempfling, München

Wir danken der Firma *Grüne Erde* für die freundliche Leihgabe von Lebensmitteln und Haushaltswaren.

Gesamtproduktion: THEMA media GmbH, München
Korbgestaltung und Text: Marlies Busch
Grafik und Layout: Thomas Holzner
Projektleitung: Michaela V. Dietrich
Koordination: Hanna Forster, Andrea Scheiber
Umschlaggestaltung: Heinz Kraxenberger

Druck und Bindung: Egedsa, Barcelona
Printed in Spain

ISBN 3-576-11520-X